Anke Schmidt

SCHLAUER PUTZEN

Die weltbesten Lifehacks und Rezepte von Wastelesshero

INHALT

Effizient und nachhaltig putzen   5
   Gute Gründe   6
  Nachhaltiger Reinigen kann einfach sein   10
   Schon Kleinigkeiten bringen etwas   10
   Weniger Chemie macht Sinn   10
   Muss Wasser zum Putzen heiß sein?   11
#machsnachhaltig
   Einfache Tipps für mehr Nachhaltigkeit
   beim Hausputz   12
  Möglichkeiten und Grenzen selbst
  hergestellter Reiniger   14
   Vorteile des Selbstmachens   14
   Grenzen von selbstgemachten Reinigern   14
  Das große Putzen – die Basics   16
   Die Arten von Schmutz – und was
    dagegen hilft   16
   Der ph-Wert hilft bei der Auswahl   16
   Die 4 Faktoren der Sauberkeit   17
   Fleck-weg-Tabelle   18
feature
   Vor dem Putzen kommt das Aufräumen   20
   So bleibt es hygienisch   22
   Was ist wie oft dran?   22
   So lange halten sich Putzmittel   24
feature
   Mehr Spaß beim Wischmopp-
   schwingen   26
  Die Zutaten für Putzmittel   28
   Natron   28
   Soda   29
   Zitronensäure   30
   Essig   31
   Tenside   31
   Ätherische Öle   32

  Warnhinweise und
  Wichtiges zur Anwendung   34
   Putzwasser richtig entsorgen   35
  Tipps für den Einkauf   36
   Wenn du nicht alles selbst machen willst   36
   Zutaten einkaufen   38

Mehr als ein Ort zum Kochen   41
  Grundregeln für die Küche   42
  Mehr Nachhaltigkeit in der Küche   44
   Umweltfreundlicher Geschirrspülen   44
  Welche Reinigungsmittel brauche
  ich wirklich?   46
   Drei Putzmittel reichen für die Küche   46
   Putzmittel für besonders harte Fälle   46
   Oft vergessen und dennoch wichtig   48
feature
   Gute Schwämme, Bürsten und Tücher
   machen es leichter   50
   Spülmittel mit Orangenduft   52
   Zitronen-Spülkuchen   54
#machsnachhaltig
   Zuckersüßer Spülschwamm   56
   Scheuermittel aus zwei Zutaten   58
   Backofenspray   60

Die Wohlfühl-Oase   63
  Grundregeln für das Bad   64
  Welche Reinigungsmittel brauche ich
  wirklich?   66
   Oberflächen im Badezimmer   66
   Oft vergessen und dennoch wichtig   69

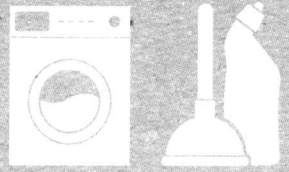

Toilettenreiniger	72
WC-Tabs	74
#machsnachhaltig	
Upcycling Reinigungstücher	76

Alles Mix 40 oder doch trennen? 79

Grundregeln für das Wäschewaschen	80
Pflegehinweise kurz erklärt	81
Welche Waschmittel brauche ich wirklich?	82
Was ist drin im Waschmittel?	82
Welche Inhaltsstoffe braucht ein Waschmittel wirklich?	84
#machsnachhaltig	
12 Umwelt-Tipps rund um die Wäsche	88
Flüssiges Waschmittel	92
Flüssiges Kastanien-Waschmittel	94
feature	
Mikroplastik in der Waschmaschine	96

Die Schnellen – Wohnzimmer und Schlafzimmer 99

Organisation ist alles	100
Der Monatsplan	100
Der Jahresplan	100
Welche Reinigungsmittel brauche ich wirklich?	102
Oberflächen in den Wohnräumen	102
Richtig Staubwischen	103
Für besonders harte Fälle	104
Allzweckreiniger	106

Die Specials – Outdoor und anderes 109

Auto, Fahrrad & Co.	110
Die Auto-Außenreinigung	110
Die Auto-Innenreinigung	110
Fahrrad & Co.	111
Alles, was sonst noch draußen ist	112
Outdoormöbel	112
Der Grill	112
Balkon und Terrasse	113
Spielzeug und Kuschelteile	114
Sonstige Specials	116
Musikinstrumente	116
Heizkörper	116
Bürsten	116
Besen und Staubwedel	118
Keine Lust – dennoch ein Muss: Ungeziefervermeidung	118
#machsnachhaltig	
Staubwedel selbstmachen	120

#machsnachhaltig-infos 123

Im Netz	124
Über die Autorin	124
Dank	124
Register	126

EFFIZIENT UND NACHHALTIG PUTZEN

Es gibt unendlich viele Putzmittel, die uns versprechen, dass sie schnell und einfach, mit Aktiv-Kraft oder Extra-Hygiene unsere Wohnung perfekt rein machen. Doch was steckt dahinter? Benutzen Putzmittel-Hersteller magische Inhaltsstoffe? Könnten diese schädlich sein – für uns oder für die Umwelt? Und müssen wir alle diese Produkte kaufen oder können wir nicht auch einfach und nachhaltig selber das herstellen, was wir brauchen? Und schließlich: Was nehmen wir wofür – und wie?

 ## VERPACKUNGEN SPAREN

 ## WENIGER UMWELTVER- SCHMUTZUNG

→ Wasch- und Reinigungsprodukte sind oft sehr aufwendig verpackt. Und gerade in Drogerien sind die Regale voll davon. Die Deutschen geben mehr als drei Milliarden Euro dafür aus. Das macht etwas mehr als eine Milliarde Verpackungen. Die Verpackung landet nach der Nutzung fast immer auf dem Müll und wird selten recycelt. Das heißt: Es entsteht eine Menge Müll durch Reinigungsmittel! Besser ist, alte leere Putzmittelflaschen erneut zu verwenden und die Mittel entweder selbst herzustellen oder unverpackt zu kaufen.

→ Nur 15 Prozent des bisher produzierten Plastiks wurden recycelt. Das heißt, der Großteil der Milliarden Verpackungen, die jedes Jahr im Bereich Wasch- und Reinigungsmittel anfallen, wird verbrannt oder auf Mülldeponien entsorgt und landet so in unserer Umwelt. Verbrennung klingt im ersten Moment vielleicht positiv, da die Wärme zum Heizen oder Erwärmen von Wasser genutzt werden kann. Dennoch verbraucht die Verbrennung des Verpackungsmülls Ressourcen, wie allein schon der Bau und Betrieb von Verbrennungsanlagen. Von den Mülldeponien gelangen oft Verpackungen in die Umwelt, das Meer, unsere Böden und so auch in unser Wasser – und verschmutzen unseren Lebensraum. Es gibt mittlerweile immer mehr Anbieter, die Reinigungsmittel in Plastikflaschen aus recycelten Materialien anbieten, was auf den ersten Blick auch richtig gut aussieht. Nur müssen auch die hergestellt und nach der Nutzung recycelt werden.

> Warum nicht schöne Putzmittelverpackungen selbstmachen? Such dir ein schönes Glas aus und beschrifte es mit den hübschen #machsnachhaltig-Etiketten zum Ausdrucken (siehe Seite 124): So ist auch dein Putzschrank was fürs Auge.

MIKROPLASTIK VERMEIDEN

→ Manche Hersteller fügen Wasch- und Putzmitteln kleine Plastikteilchen hinzu. Sie sind kleiner als fünf Millimeter und sollen beispielsweise die Schaumbildung reduzieren und Grauschleier bei der Wäsche verhindern, machen also total Sinn. Der Nachteil ist leider, dass sie über den Abfluss in unsere Natur gelangen und schließlich von Tieren oder uns gegessen werden. Kläranlagen können sie nur bedingt herausfiltern. Und da Plastik fast ewig hält, sollten wir davon weniger in unsere Natur geben. Auch Verpackungen von Reinigungsmitteln können zu Mikroplastik werden: nämlich wenn die lange auf Deponien lagern und sich nach und nach zersetzen. Mehr zum Thema findest du auf Seite 96.

RESSOURCEN SPAREN

→ Vor allem flüssige Putzmittel bestehen zu 70–80 Prozent aus Wasser. Die reinigenden Inhaltsstoffe werden durch dieses Wasser besser anwendbar. Der Nachteil an dem hohen Wasseranteil ist aber, dass die Verpackung daher größer sein muss, also mehr Plastik gebraucht wird, und dass das Produkt schwerer wird. Mehr Gewicht und Volumen bedeutet einen höheren Ressourcenverbrauch – zum Beispiel wird für den Transport mehr Benzin benötigt.

> Sei selbst die **Veränderung**, die du dir bei anderen **wünschst**.
>
> Mahatma Gandhi

GESÜNDER LEBEN

→ Viele Reinigungsmittel enthalten bedenkliche Stoffe, die beim Putzen auf deine Haut und in deine Atemwege gelangen können. Einfach dadurch, dass sie eingeatmet werden oder ohne Handschuhe geputzt wird. Sie belasten unsere Umwelt und auch uns selbst. Einer Studie zufolge kann Putzen so schädlich wie Rauchen sein und die Lungenfunktion beeinträchtigen.[1] Vor allem häufiges Putzen! Wenn du ein paar Reinigungsmittel selbst herstellst und ein paar Tipps berücksichtigst, setzt du dich weniger Schadstoffen aus und führst auch der Umwelt weniger Schadstoffe zu.

GELDSPAR-WUNDER

→ Es gibt so viele unterschiedliche Putzmittel, die mit Schlagwörtern wie „Super-sauber-Kraft" oder „strahlend weiße Wäsche" beworben werden. Da ist es nur verständlich, dass wir pro Jahr durchschnittlich rund 60 Euro für Putz- und Waschmittel ausgeben. Wer häufig die Waschmaschine anschmeißt, zahlt wahrscheinlich noch deutlich mehr. Wenn wir uns auf die wirklich nötigen Putzmittel beschränken, reduziert sich der Betrag flugs auf 10–15 Euro.[2]

MEHR ZEIT HABEN

→ Drei Stunden und 20 Minuten verbringen, laut einer Umfrage, die Deutschen pro Woche mit Putzen.[3] Also ungefähr einen ganzen Vormittag oder Nachmittag. Mit einer sinnvollen Putzroutine und guten Putzmitteln kann der Zeitaufwand deutlich reduziert werden. In diesem Buch erfährst du, wie du dir eine gute Routine zulegen kannst, um schneller in deinem sauberen Zuhause Zeit verbringen zu können und beim Putzen selbst sogar noch Spaß zu haben.

„WENIGER ZU HABEN IST DER SCHLÜSSEL ZU MEHR FREIHEIT." – EINE HANDVOLL VERSCHIEDENER PUTZMITTEL GENÜGT, UM ALLES SAUBER ZU BEKOMMEN! DA BRAUCHT ES DANN GAR KEINEN EIGENEN PUTZSCHRANK MEHR.

NACHHALTIGER REINIGEN KANN EINFACH SEIN

Nachhaltigkeit beim Putzen heißt, dass eine bessere Hygiene und Sauberkeit erreicht wird, ohne dass die eigene Gesundheit beeinträchtigt und die Umwelt stark belastet wird. Hier ein paar allgemeine Vorbemerkungen, bevor's ans Eingemachte geht.

Schon Kleinigkeiten bringen etwas

Oft werden Reinigungsmittel nicht richtig dosiert. Schnell hat man mal zu viel Reiniger in die Toilette geschüttet oder zu viel Waschmittel in die Maschine gegeben. Die richtige Dosierung kann auch dabei helfen, nachhaltiger zu reinigen, da aufs Ganze gesehen weniger Reiniger hergestellt werden müssen und somit auch weniger Verpackungen und Ressourcen für die Herstellung der Inhaltsstoffe und den Transport verbraucht werden. Reinigungsmittel sollten immer möglichst sparsam verwendet werden und nur dann, wenn es nicht auch ohne geht. Spiegel und andere Oberflächen zum Beispiel können oft mit einem guten Tuch und schlicht mit Wasser gereinigt werden.

Weniger Chemie macht Sinn

Chemische Abflussreiniger, WC-Einhänger und chlorhaltige Reiniger sowie Mittel mit vielen Duftstoffen belasten die Umwelt stark. Und viele Inhaltsstoffe fertiger Produkte können schädlich für uns Menschen, aber auch für die Umwelt sein. Synthetische Duftstoffe beispielsweise, die dafür sorgen, dass das Putzmittel besser riecht, können Allergien auslösen und schädlich für Wasserorganismen sein. Auch Konservierungsstoffe können Allergien und andere Beschwerden auslösen. Chlorreiniger kann die Atemwege schädigen, wenn er zusammen mit einem sauren Badreiniger benutzt wird. Denn durch die Mischung entsteht Chlorgas, das schädlich ist.[4] Wer Umwelt und Gesundheit schonen will, sollte also auf diese Mittel verzichten.

Viele Fertigreinigungsmittel bestehen aus einer Mischung aus unterschiedlichen Tensiden mit Zitronensäure, Essigsäure oder auch Soda. Doch oft lassen sie sich durch wenige Inhaltsstoffe ersetzen. Statt Essigreiniger beispielsweise kann Essig oder Zitronensäure gemischt mit Wasser genutzt werden. Auch Chlorreiniger oder Desinfektionsmittel sind im privaten Haushalt nicht unbedingt notwendig, außer es gibt einen speziellen Grund dafür.

Muss Wasser zum Putzen heiß sein?

Ich habe gelernt, dass sich Schmutz mit heißem Wasser leichter entfernen lässt als mit warmen oder kühlem. Doch tatsächlich ist heißes Wasser nur in wenigen Fällen nötig, etwa bei starken Fettverschmutzungen. Beim Fensterputzen mit heißem Wasser hingegen kann ein Teil des Putzmittels verdunsten, wodurch Reinigungsstreifen entstehen. Gleiches kann auch beim Bodenwischen mit heißem Wasser passieren. Vielleicht ist kaltes Wasser die Lösung für streifenfreie Fenster. Zudem sparen wir mit kaltem Wasser Energie ein, die beim Erhitzen von Wasser benötigt wird, und wir verhindern, dass giftige Dämpfe entstehen, wie es mit heißem Wasser bei manchen Putzmitteln passieren kann.[5] Es gibt sogar Flecken, die wirklich nur mit kaltem Wasser gut weggehen, wie vor allem Blut auf Stoff. Wird der Fleck mit kaltem Wasser ausgewaschen, lösen sich die Proteine und damit das Blut besser. Mit heißem Wasser hingegen geht der Fleck kaum weg.[6]

Und das Putzen mit kaltem Wasser hat noch einen Vorteil, der nicht zu unterschätzen ist: Warmes Wasser wird im Eimer relativ schnell kalt – wer auf Wärme setzt, macht sich selbst ziemlichen Zeitdruck. Also besser gleich mit kaltem Wasser putzen: Da bleibt einem der Stress erspart!

→ effizient und nachhaltig putzen

#machsnachhaltig

Einfache Tipps für mehr Nachhaltigkeit beim Hausputz

Die Wahl des richtigen Putzmittels ist nicht alles. Es gibt noch ein paar Dinge, die beachtet werden können, um das eigene Zuhause ressourcenschonender sauber zu halten – hier ein paar nützliche Tipps auf einen Blick:

- Hartnäckiger Schmutz ist aufwendiger zu entfernen als frischer; man braucht mehr Putzmittel und oft auch mehr Wasser. Darum Schmutz möglichst gleich entfernen, nachdem er entstanden ist.
- Lieber kaltes Wasser nehmen anstatt heißes (so fällt kein Energieverbrauch für das Erhitzen des Wassers an) und auch nur so viel wie nötig.
- Geschirr nicht vorspülen, bevor es in den Geschirrspüler kommt. Die Geschirrspülmaschinen und -mittel sind auf die Verschmutzungen ausgelegt – das Geschirr wird auch ohne Vorspülen sauber.

einfache tipps für mehr nachhaltigkeit beim hausputz

- Putzmittelbehälter öfter nutzen. Ist der Glasreiniger leer, dann einfach selbstgemachten Reiniger hineinfüllen, auch wenn es nicht unbedingt super stylish aussieht. Als Putzeimer könnte beispielsweise auch ein alter Mülleimer oder eine große Plastikschüssel dienen.
- Feste Produkte statt flüssiger nutzen. Im Regal sehen sie ohnehin meist viel schöner aus als die flüssigen in Plastikflaschen und haben noch einen weiteren Vorteil: keine Dreckränder mehr, die unter den Plastikflaschen gern mal entstehen.
- Schon beim Einkaufen der Putzmittel ist Nachhaltigkeit angesagt: also Fahrrad oder Bus statt Auto nutzen.
- Die Putzmittel unverpackt einkaufen. Bis zu 14 Plastikflaschen pro Jahr können so pro Kopf gespart werden.
- Sich mit Freund*innen zusammentun und eine Online-Großbestellung organisieren.
- Vor der Einkaufstour prüfen, was schon da ist und was wirklich noch benötigt wird.
- Wer zum ersten Mal Putzmittel selbst macht und sich nicht sicher ist, ob er oder sie das Ganze wiederholen möchte, dann besser erst einmal nur eine kleinere Menge Natron oder Zitronensäure kaufen.
- Langlebige Dinge bevorzugen. Statt dem Wegwerfküchentuch lieber etwas Waschbares nutzen. Es gibt auch Tücher, die in der Spülmaschine mitgewaschen werden können. Ob man sie nun hier hinzugibt oder in der Waschmaschine: Der Wasserverbrauch für die Reinigung ist heruntergerechnet nicht sonderlich hoch.
- Eine Inspiration für andere sein und Nachhaltiges verschenken. Wie wäre es mit einem schön verpackten Spülcake (siehe Seite 54) als Geschenk für Freund*innen?
- Geräte wie den Staubsauger auf den Stromverbrauch prüfen und ggf. austauschen, vielleicht gegen einen stromsparenderen Staubsaugerroboter.
- Putzutensilien gebraucht kaufen. Neben Staubsaugern gibt es auch Wischmopps gebraucht zu kaufen. Vielleicht lohnt es sich, im Bekanntenkreis zu fragen? Manchmal liegen doch noch Tücher oder Lappen seit Jahren ungenutzt im Schrank.
- Bei der Auswahl der Putzutensilien vorher genau schauen, was man haben will. Ein Wischmopp kann schon mal über Jahrzehnte genutzt werden.

VOR DEM NEUKAUF

Was für Putzutensilien gilt, gilt eigentlich auch für anderes: Überlege dir vor dem Kauf genau, was du haben willst. Du brauchst eine neue Lampe oder ein neues Sofa? Dann informiere dich, wie das Objekt deiner Wahl gereinigt wird. So macht es in der Küche eher Sinn, eine Lampe zu nehmen, die nicht total verschnörkelt und verspielt ist – dieses typische Gemisch aus Fett und Staub, das sich dort absetzen wird, ist dann nämlich nicht so leicht zu entfernen. So eine Lampe wäre dann eher für das Wohnzimmer geeignet. Wenn Dinge gut ausgewählt werden, ist es wahrscheinlicher, dass wir sie länger behalten und nicht nach wenigen Monaten schon ersetzen.

MÖGLICHKEITEN UND GRENZEN SELBST HERGESTELLTER REINIGER

Um unsere Wohnräume sauber zu halten, brauchen wir eigentlich keine Spezialreinigungsmittel oder Desinfektionsmittel. Auch brauchen wir nicht für jeden Anwendungsfall etwas Spezielles. Es genügen ein paar wenige Mittel, die du sogar noch aus wenigen Zutaten selbst herstellen kannst. Das Selbstmachen hat viele Vorteile, doch – zugegeben – auch seine Grenzen.

Vorteile des Selbstmachens

Verpackungen sparen, die Umwelt und Ressourcen schonen, mehr Platz im Schrank, kein Mikroplastik, dafür mehr Nachhaltigkeit und Gesundheit und auch mehr im Geldbeutel – die vielen guten Gründe, Reiniger selbst herzustellen, wurden bereits vorgestellt. Ein weiterer Vorteil ist: Du kannst immer genau so viel davon herstellen, wie du verbrauchst, und sparst dir damit die Konservierungsstoffe, die viele kaufbare Produkte enthalten (die einzelnen Inhaltsstoffe sind für sich meist mehrere Jahre haltbar). Dadurch wird auch kein Reiniger mehr ungenutzt in den Müll geworfen. Hinzu kommt, dass die Mittel aus wenigen einfachen Zutaten hergestellt werden können, von denen die meisten wahrscheinlich schon in deiner Küche stehen. Was du nicht hast, ist im Laden leicht zu finden. Insgesamt kosten dich dei-

VON ALLZWECKREINIGERN REICHEN MEISTENS ZWEI TROPFEN!

ne Self-made-Reiniger weniger als zehn Euro im Jahr – sie sind also, wie schon angedeutet, kleine Geldsparwunder. Alle Rezepte, die in diesem Buch vorgestellt werden, sind außerdem vegan sowie palmöl- und mikroplastikfrei. Und in schöner selbstgemachter Verpackung auch noch schick.

Grenzen von selbstgemachten Reinigern

Ehrlicherweise muss aber auch dazugesagt werden, dass du bei hartnäckigen Verschmutzungen die Anwendung mit selbst hergestellten Reinigern öfter wiederholen musst als mit scharfen gekauften Mitteln oder dass du die Einwirkzeit stark verlängern musst. Aber auch bei manchen gekauften Produkten ist so etwas nötig. Manches lässt sich zudem nur schwer selber herstellen, wie Spülmaschinenmittel. Je nachdem, wie kalkhaltig das Wasser ist, und je nach Rezeptur behalten Gläser nach dem Spülgang einen weißen Schleier zurück. Klarspüler könnte durch Essig oder Zitronensäure ersetzt werden. Nur bleiben dann kleine weißen Flecken zurück, da das Wasser nicht so gut abläuft. Man könnte sich jetzt natürlich die Frage stellen, ob es wirklich so wichtig ist, dass das Geschirr komplett frei von Wasserflecken aus der Maschine kommt. Wem das wichtig ist, der sollte doch zu einem gekauften Produkt oder zu nachhaltigen Spülmaschinentabs greifen. Tipps für den Einkauf von guten und ökologischen Putzmitteln findest du auf Seite 36–39.

Das Herstellen der Reiniger dauert natürlich länger, als das fertige Produkt aus dem Regal zu nehmen. Und manche Zutaten gibt es nicht in jedem Supermarkt. Bevor du das erste Mal selbst Putzmittel herstellst, wirst du etwas Zeit in die Beschaffung der Ingredienzien investieren müssen. Auf Seite 38 kannst du nachlesen, wo du welche Inhaltsstoffe wie Natron, Soda und andere herbekommst. Der Vorteil bei den Inhaltsstoffen ist, dass sie oft schon in 200- bis 500g-Packungen erhältlich sind. Eine 500g-Natron-Packung sollte, je nach Putzhäufigkeit, bis zu zwei Jahre halten. Das heißt, du verbringst aufs Ganze gesehen dann doch wieder weniger Zeit mit dem Einkauf.

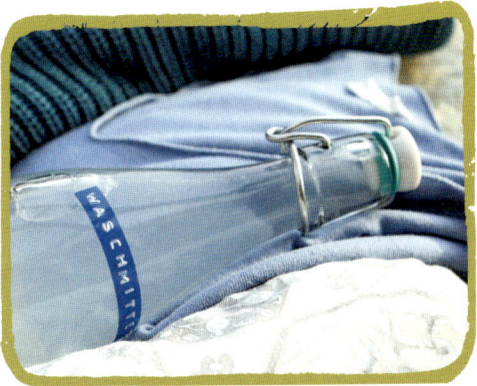

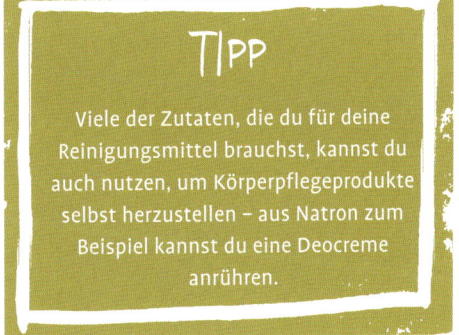

TIPP

Viele der Zutaten, die du für deine Reinigungsmittel brauchst, kannst du auch nutzen, um Körperpflegeprodukte selbst herzustellen – aus Natron zum Beispiel kannst du eine Deocreme anrühren.

DAS GROSSE PUTZEN – DIE BASICS

Bei der Auswahl des richtigen Reinigungsmittels, egal, ob selbst gemacht oder gekauft, gibt es so manches zu beachten. Nicht jedes Putzmittel eignet sich beispielsweise für alle Arten von Schmutz. Fingerabdrücke etwa können wie manche Getränkeflecken einfach mit einem feuchten Mikrofasertuch weggewischt werden. Grober Schmutz wie Sand lässt sich meist mit einem Kehrblech entfernen. Doch es gibt auch Flecken, die nicht rein wasserlöslich sind und mehr Reinigungsleistung benötigen, wie Öle, Cremerückstände, Kalk, Urinstein. Und auch damit das Putzen nicht gefährlich für die Gesundheit wird, sollten ein paar Aspekte berücksichtigt werden.

Die Arten von Schmutz – und was dagegen hilft

Es gibt zwei Grundsätze, die du dir merken solltest:
- Natron, basisch, löst Fett. Zitronensäure, sauer, löst Kalk.
- Soda wirkt stärker als Natron. Zitronensäure wirkt stärker als Essig.

Wenn du das beherzigst, kannst du oft einfach selbst entscheiden, was gegen einen bestimmten Fleck das Richtige ist. So wird Zitronensäure häufig im Bad genutzt, da sich dort eben oft Kalk ablagert, und Natron häufiger in der Küche gegen fettige Verschmutzungen. Auf der folgenden Doppelseite findest du aber dennoch eine Übersicht mit ein paar Tipps.

Bei den meisten Flecken ist es am besten, sie schnellstmöglich zu behandeln, also Stärke daraufzugeben oder sie mit kaltem Wasser auszuspülen: Dann ist das meiste schon erledigt.

Der ph-Wert hilft bei der Auswahl

Der ph-Wert eines Produktes gibt an, wie sauer oder aber basisch eine Flüssigkeit ist. Bei einem Reinigungsmittel kann man daran letztlich auch erkennen, ob es für zum Beispiel Haut oder Atemwege gefährlich und für welchen Schmutz es geeignet ist.[7] Denn jeder Inhaltsstoff hat einen bestimmten ph-Wert. Saure Mittel wie Zitronensäure oder Essig haben einen anderen ph-Wert als Natron und Soda, daher eignet sich ihre Reinigungsleistung für unterschiedliche Arten von Schmutz. Stoffe mit einem ph-Wert über 7, sogenannte Laugen oder Basen wie Natron, sind basisch/alkalisch und eignen sich zum Beispiel zur Lösung von Fett. Stoffe mit einem Wert unter 7, sogenannte Säuren wie Zitronensäure, sind sauer und eignen sich zum Entfernen von Kalk. Stoffe

mit dem ph-Wert 7 sind ph-neutral und werden oft unter dem Namen „Allzweckreiniger" geführt. Wasser hat ebenfalls einen ph-Wert von 7. Der ph-Wert unserer Haut liegt bei 5,5.
Zu den einzelnen Inhaltsstoffen siehe auch die Seiten 28–32.

ph-Wert-Übersicht

Wert	Eigenschaft	Geeignet gegen
Kleiner als 7	sauer	Kalk, Urinstein, Rost
Gleich 7	ph-neutral	Schmutz auf empfindlichen Oberflächen
Größer als 7	alkalisch	Fett, Eiweiß, Blut

Die 4 Faktoren der Sauberkeit

Früher habe ich immer viel Putzmittel genommen, weil ich dachte, das wäre der Schlüssel, um schnell und gut Dinge sauber zu bekommen. Heute weiß ich es besser: Es ist ein Zusammenspiel aus vier Faktoren – und dies gilt sowohl für den Hausputz als auch fürs Wäschewaschen, ja eigentlich für die Reinigung von allem. Wenn diese vier Faktoren gut aufeinander abgestimmt sind, klappt es einfach besser:

- Temperatur
- Dauer
- Art des Putzmittels
- Art der mechanischen Reinigung

Die Art der mechanischen Reinigung meint, wie gereinigt wird. Also per Hand, mit einem Hilfsmittel oder in einer Spül- oder Waschmaschine. Die Dauer meint die Zeit, die das Reinigungsmittel einwirkt. Bei der Art des Putzmittels geht es auch um die passende Menge. Die Temperatur bezieht sich auf das verwendete Wasser in der Waschmaschine oder beim Geschirrspülen.

Nehmen wir als Beispiel das Wäschewaschen: Bei der Handwäsche wird die Wäsche gut dadurch gesäubert, dass sie oft gerieben und ausgewrungen wird. Mittlerweile haben wir aber ja das Glück, dass das meiste die Waschmaschine für uns übernimmt. Allgemein gilt: Wenn die Wäsche stark verschmutzt ist, macht es Sinn, sie länger zu waschen, wahrscheinlich sogar mit Vorwäsche. Ist sie kaum dreckig, dann reicht ein kurzer Waschgang. Auch sollte die Temperatur bei stark verschmutzter Wäsche eher höher sein und eine größere Menge an Waschmittel ist sinnvoll. Die Menge des Waschmittels hängt auch vom Härtegrad des Wassers ab – die Angaben dazu stehen bei Fertigprodukten meist auf der Packung. Und – jetzt kommt's: Wenn einer der genannten Faktoren verringert wird, kann dies dadurch ausgeglichen werden, dass ein anderer erhöht wird. Ein zweites Beispiel: Sind in der Badewanne dicke Seifenränder, wäre es möglich, diese durch viel Schrubben zu entfernen – oder man lässt einfach das Putzmittel länger einwirken, wodurch weniger geschrubbt werden muss, also weniger Mechanik nötig ist.

Fleck-weg-Tabelle

Schmutzart	Reinigungsmittel	Anwendung
Aufkleber	Speiseöl oder Margarine	Den Aufkleber an einer Ecke etwas hochziehen und Margarine oder Speiseöl darunterlaufen lassen. Nach zwei Stunden abziehen.
Blut	kaltes Wasser, danach Waschmittel	Den Fleck unverzüglich mit kaltem Wasser auswaschen. Anschließend mit Waschmittel auswaschen.
Creme	trockenes Tuch, danach Spülmittel oder Natron	Den Fleck mit einem trockenen Tuch abnehmen. Nicht reiben! Danach mit Spülmittel oder Natron behandeln.
Deo	Zitronensäure und Wasser	400 ml Wasser mit 3 Esslöffel Zitronensäure mischen und das Kleidungsstück darin spülen und einweichen. Danach waschen.
Eingebranntes	Natron und Wasser	1 l kochendes Wasser mit 1 Esslöffel Natron in dem Topf mit dem Eingebrannten mischen und stehen lassen. Danach spülen.
Eingetrocknetes	Schaber, Wasser und Allzweckreiniger	Eingetrocknete Essensreste auf Oberflächen mit einem Schaber lösen und den Rest mit Wasser und Spülcake oder Reiniger entfernen.
Fett von Lebensmitteln	Tuch, Spülmittel oder Wodka oder Löschpapier und Bügeleisen	Spülmittel oder Wodka auf ein Tuch geben und den Fleck herausstupfen. Alternativ: Löschpapier und Bügeleisen (siehe Wachs).
Fingerabdrücke	feuchtes Mikrofasertuch	Fingerabdrücke lassen sich leicht mit einem feuchten Tuch entfernen.
Gras	Zahnpasta, Essig oder Zitronensäure	Bei weißer Kleidung kann Zahnpasta eingerieben werden. Bei andersfarbiger Kleidung Essig oder Zitronensäure ein paar Minuten einwirken lassen.
Kaffee	Backpulver, Natron oder Soda	Einen Teelöffel auf den frischen Fleck streuen und ein paar Stunden liegen lassen.
Kakao	kaltes Wasser, danach Waschmittel	Unter laufendem Wasser den Fleck herausstreichen und danach mit Waschmittel behandeln. Einwirken lassen und waschen.
Kalk	Wasser und Essig oder Zitronensäure, Tuch oder Zahnbürste	Essig oder Zitronensäure mit Wasser mischen und mit einem Tuch oder einer Zahnbürste den Kalk entfernen.
Kaugummi	Gefrierfach, Messer	Das Kleidungsstück für eine Stunde in das Gefrierfach legen; danach lässt sich der Kaugummi einfach mit einem Messer lösen.
Ketchup	kaltes Wasser und Essig	Den Fleck leicht ausspülen und mit Essig abtupfen; bei Bedarf wiederholen; danach waschen.
Lippenstift	Tuch, danach Wasser und Spülmittel	Betroffene Stelle mit einem Tuch abtupfen und danach mit Wasser und Spülmittel auswaschen.

Schmutzart	Reinigungsmittel	Anwendung
Obst	Zitronensaft oder Zitronensäure	Ein wenig auf den Fleck geben, kurz einwirken lassen und ausspülen. Danach waschen.
Paprika	Soda und Mineralwasser	Schnellstmöglich den Fleck mit kaltem Mineralwasser auswaschen und, wenn nötig, Soda daraufstreuen. Danach waschen.
Rost	Alufolie oder Lappen und Zitronensaft	Flugrost auf Besteck mit der Alufolie wegreiben. Oder mit einem Lappen und Zitronensaft.
Rotwein	Salz oder Stärke	Den Fleck umgehend großflächig mit Stärke oder Salz bestreuen. Einwirken lassen, auswaschen und danach in die Waschmaschine.
Seife	kaltes Wasser	Einfach auswaschen.
Seifenablagerungen	Essig oder Natron und Wasser	Essig oder Natron mit Wasser mischen; ein paar Minuten einwirken lassen und die Stellen abwischen.
Staub auf Fugen	Natron und Wasser, Zahnbürste	Natron mit Wasser mischen und die Fugen mit einer Zahnbürste reinigen.
Stockflecken	Haushaltsessig, Wasser	1 zu 1 mischen und das Kleidungsstück darin für ein paar Stunden einlegen. Danach waschen.
Tomate	Soda und Mineralwasser	Schnellstmöglich den Fleck mit kaltem Mineralwasser auswaschen und, wenn nötig, Soda daraufstreuen. Danach waschen.
Urinstein	Zitronensäure oder Essig und Natron	Jeweils 2 Esslöffel in die Toilette geben und über Nacht wirken lassen. Alternativ: Toilettentabs. Je nach Stärke der Verschmutzung wiederholen.
Verfärbte Wäsche	Wasser und Sonne	Wäsche waschen und noch feucht in die Sonne legen. Mehrere Stunden so natürlich bleichen lassen.
Verstopfungen in Siphons	Natron, Trichter, danach Essig, heißes Wasser	Halbe Tasse Natron mit einem Trichter in den Siphon geben. 1 Tasse Essig darüber. Fünf Minuten später mit heißem Wasser spülen.
Wachs	Löschpapier und Bügeleisen	Das Löschpapier auf die Stelle legen und so oft mit dem warmen Bügeleisen darüberbügeln, bis der Fleck vom Papier aufgenommen wurde.
Wasserfarbe	Seife und Wasser	Sofort mit Wasser und Seife behandeln, sonst geht der Fleck kaum bis gar nicht mehr heraus.
Zahnpasta	Essig und Wasser, Tuch	Essig und Wasser mit einem Tuch aufnehmen und den Fleck betupfen und auswaschen.

Über den QR-Code kannst du dir die Tabelle auch als PDF auf dein Smartphone laden. Ob dort oder ausgedruckt: griffbereit ist immer gut. Außerdem findest du die Tabelle auch auf der Ulmer-Homepage: **www.ulmer.de/schlauer-putzen**.

#machsnachhaltig

Vor dem Putzen kommt das Aufräumen

Damit nicht einfach nur um die Dinge herumgeputzt wird und sich keine Schmutzränder bilden, heißt es vor jeder Putzaktion: aufräumen! Wo weniger Dinge herumstehen, geht das Putzen viel schneller. Sieht es nicht sowieso stylischer aus, wenn eben nicht fünf Plastiktuben in der Dusche stehen, sondern nur eine oder gar keine? Ja, zum Aufräumen gehört auch das Aussortieren. Das Badezimmer zum Beispiel ist bei vielen ein Ort, an dem sich Dinge ansammeln, entweder weil wir sie auf Vorrat kaufen oder weil sie selten genutzt oder gar nicht gebraucht werden. Also: Was davon kann weg?

Wer das herausfinden will, sollte erst einmal genau hinschauen: Was ist da eigentlich alles? Dazu am besten alle Regale und Schränke ausräumen und die Dinge auf dem Boden in drei Stapel unterteilen:

Stapel ❶ : „Nutze ich noch."
Stapel ❷ : „Will ich aufbrauchen."
Stapel ❸ : „Nutze ich nicht mehr, kann entsorgt werden."

Alles, was noch genutzt oder aufgebraucht wird, wird wieder zurückgeräumt. Der Rest wird entsorgt oder verschenkt. Dasselbe Vorgehen kann auf jeden Bereich, auf jedes Zimmer, auf jedes Regal angewendet werden (Stichwort: Deko!). Vielleicht macht es sogar Sinn, ein paar Sachen vorerst gar nicht neu zu kaufen, sondern erst einmal zu schauen, ob es wirklich gebraucht wird.

Putzmittel richtig entsorgen

Was ist mit dem Putzmittel, das wir beim Aufräumen aussortiert haben? Eigentlich macht es wenig Sinn, es ungenutzt zu entsorgen. Schließlich wurde es eigens produziert, verpackt und transportiert. Das alles verbraucht Ressourcen. Putzmittel, die man selbst nicht mehr nutzen will, sollte man besser verschenken. Eine Entsorgung ist nur über die Schadstoffsammelstellen der Wertstoffhöfe möglich. Das gilt vor allem für Desinfektionsmittel, Toilettensteine, Weichspüler und chemische Rohrreiniger. Nur komplett leere Behälter können in den klassischen Verpackungsmüll.

Damit sich weniger Dinge im Haushalt ansammeln, könnte man auch generell überlegen, Dinge mit Mitbewohnern, Nachbarn oder Freunden zu teilen – das gilt bei genauerem Nachdenken nicht nur für Bohrmaschine, Lockenstab, Hochdruckreiniger, Rasenmäher oder diverse Küchenutensilien wie ein Raclettegerät, sondern auch für Spezialreiniger. So wird weniger Lagerfläche benötigt, vielleicht sogar der eine oder andere Schrank weniger.

So bleibt es hygienisch

Jeder Mensch hat ein anderes Hygieneempfinden oder auch Sauberkeitsgefühl. Die einen ekeln sich, wenn mal eine Woche lang Fingerabdrücke auf dem Spiegel zu sehen sind, für andere ist das wiederum voll in Ordnung. Dennoch gibt es, was die Hygiene betrifft, ein paar wenige Grundregeln. Aber was ist eigentlich Hygiene? In der Haushaltsreinigung meint sie die Beseitigung von sichtbarem und unsichtbarem Schmutz zur **Vermeidung einer gesundheitlichen Gefährdung**. Doch Vorsicht: auch der Einsatz von zu viel Putzmittel oder die zu häufige Anwendung können gesundheitsschädlich sein.
Hier die Grundregeln:

- Für unterschiedliche Einsatzorte wie Toilette, Spülbecken, Böden verschiedene Putzlappen verwenden. So wird verhindert, dass Keime durch alle Räume wandern.
- Benutzte Lappen und Mopp so aufhängen, dass sie gut und schnell trocknen können. Das verringert die Keimbildung.
- Putzlappen regelmäßig wechseln und auch mal bei 60 °C waschen.
- Lüften ist super wichtig gegen Schimmelbildung, vor allem im Badezimmer und in der kalten Jahreszeit.
- Flächen, auf denen Lebensmittel verarbeitet werden, immer zeitnah reinigen.
- Leichte Verschmutzungen am besten direkt entfernen, bevor sie eintrocknen.

Was ist wie oft dran?

Schmutz, der gar nicht erst reinkommt, ist natürlich der beste: Eine Fußmatte am Eingang macht da sehr viel Sinn. Die Schuhe im Flur stehen lassen ebenso. Oder stark verschmutze und nasse Sachen in der Dusche ausziehen, damit sich der Dreck nicht in der ganzen Wohnung verteilt. Und doch: Er ist da – und regelmäßiges Putzen somit vonnöten. Aber was heißt „regelmäßig"? Im Folgenden zeige ich dir meine Putzfrequenz für einzelne Bereiche und Gegenstände.

Was ich täglich bis mehrmals wöchentlich aufräume bzw. putze:

- Ungefähr alle drei Tage wische ich das Waschbecken – das dauert nur eine Minute.
- Der Tisch, die Spüle und die Arbeitsfläche in der Küche werden jeden Tag nach der Nutzung aufgeräumt und kurz abgewischt; dafür hängt immer ein Lappen direkt in der Küche, der mindestens zweimal wöchentlich gewechselt wird. Wir machen das immer direkt nach dem Essen, weil so auch die Kids mithelfen können (sie sollen schließlich auch sehen, was neben dem Kochen noch alles passiert).
- Den Spiegel im Badezimmer wische ich immer nach dem Duschen mit dem Handtuch ab. Das dauert nur 20 Sekunden, und Reinigungsmittel braucht es da gar nicht.
- Die Toilette – Sitz und Schüsselinneres – wird meist auch alle zwei Tage grob gesäubert.
- Seitdem wir Kinder haben, saugen wir tatsächlich fast jeden zweiten Tag zusätzlich noch die Küche und eigentlich die ganze Wohnung. Einfach weil deutlich mehr Krümel auf dem Boden landen. Werden die nicht

entfernt, landen sie schnell auf der Couch, im Bett oder einfach überall in der Wohnung – manchmal ist es schon lustig, wo man dann überall Brotkrümel finden kann. Mittlerweile übernimmt das Saugen ein Staubsaugerroboter. Das ist wirklich eine große Erleichterung im Alltag und spart uns alle zwei Tage 15 Minuten oder mehr ein. Der Vorteil ist auch, dass generell weniger Sand und Staub in der Wohnung ist.

- Fast täglich räumen wir zusammen mit den Kindern deren Spielsachen weg. Das muss nicht immer hundertprozentig ordentlich sein. Was für eine bessere Ordnung hilft, ist, wenn die Spielzeuge einen festen Platz in Regal, Schrank, Keller oder Kiste haben – so wissen auch die Kids, wo die eingeräumt werden. Und ein paar ausgesuchte Sachen dürfen auch draußen bleiben. Für den Fall, dass es mal schnell gehen soll oder man es doch allein macht, ist es gut, zwei bis drei Körbe oder Kisten zu haben, in die man dann alles packen kann.

Was ich einmal pro Woche bis alle zwei Wochen aufräume bzw. putze:

- Einmal in der Woche oder auch alle zwei Wochen wird der Boden gründlich gesaugt und gewischt; das dauert ca. 30 Minuten.
- Einmal pro Woche putze ich in der Küche Spüle und Arbeitsfläche und im Bad Waschbecken, Badewanne und Toilette gründlich. Das dauert zusammen ca. 20 Minuten.
- Wäschewaschen, -zum-Trockner-Bringen und -zusammenfalten: Das wird bei uns eher alle zwei Wochen an einem „Power-Washing-Tag" erledigt.

Was seltener gereinigt wird:

- Fenster, Kühlschrank und Ofen werden meist einmal im halben Jahr gründlich gereinigt. Die Fenster nur mit Spüli, wenn da wirklich Fettflecken zu sehen sind. Sonst reichen Wasser und ein guter Lappen.
- Die Couch wird eher unregelmäßig abgesaugt. Als wir zu zweit waren, sehr selten. Mittlerweile sicher einmal alle zwei Monate oder öfter.
- Staubgewischt wird bei uns einmal im Monat – auch wenn das öfters gemacht werden könnte und vielleicht auch sollte.
- Der Kühlschrank wird zwischendurch immer mal wieder komplett „leer gegessen", damit sich keine unnötigen Lebensmittel ansammeln. Gereinigt wird er wie die Küchenschränke und viele andere Dinge, beispielsweise die Besteckschublade, dann, wenn es nötig ist. Also wenn sich Krümel in der Schublade sammeln oder Flecken zu sehen sind.
- Der Gefrierschrank wird regelmäßig abgetaut. Auf jeden Fall, sobald sich Eisschichten bilden – denn die führen dazu, dass das Gerät mehr Strom verbraucht. Wir machen den Innenraum nach dem Abtauen mit Spülmittel sauber, ebenso wie die Schubladen[8] – und nutzen die Gelegenheit auch meistens zum Aussortieren.

Zu dem, was nur selten gereinigt werden muss, siehe auch die vorgeschlagenen Putzpläne ab Seite 100.

So lange halten sich Putzmittel

Bei gekauften Putzmitteln steht oft ein Haltbarkeitsdatum auf der Verpackung. Wie auch bei Lebensmitteln gilt: Sie sind oft länger gut als angegeben. Das heißt, die meisten Reinigungsmittel können auch nach Ablauf des genannten Datums einfach weitergenutzt werden. Die einzige Ausnahme bilden Mittel gegen Keime.[9] Wer seine Reiniger selbst herstellt, sollte ohnehin nur so viel produzieren, wie in wenigen Tagen oder Wochen verbraucht wird.

PUTZMITTEL STYLISH AUFBEWAHREN

Ganz ehrlich, wer mag schon den Anblick von Putzmittelflaschen in grellen Farben und altmodischen Plastikflaschen? Warum nicht einfach Lieblingsgläser und -flaschen upcyceln? Es gibt mittlerweile Sprühaufsätze für Flaschen einzeln zu kaufen. Klar können auch die leeren Plastikflaschen von aufgebrauchtem Putzmittel genutzt werden. Und ehrlicherweise haben sie auch einen Vorteil: Wenn sie herunterfallen, gehen sie nicht so schnell kaputt wie Glas.

→ effizient und nachhaltig putzen

FEATURE

MEHR SPASS BEIM WISCHMOPP-SCHWINGEN

Ganz ehrlich, wie oft verschieben wir das Putzen oder Wäschewaschen auf den nächsten Tag und stehen dann vor dem Wochenende in einer Wohnung, die eigentlich erst mal komplett gereinigt werden muss? Daher hier ein paar kleine Tricks zur Motivation:

Mir selbst etwas Gutes tun

Ich stelle mir oft vor, wie schön unsere Wohnung nach dem Putzen und Aufräumen erst wieder aussehen wird – das motiviert mich tatsächlich am meisten, loszulegen. Endlich keine Krümel mehr unter den Füßen, kein Dreckrand mehr in der Badewanne. Ich mache mir bewusst, dass ich entspannter bin, wenn weniger Kram herumsteht – es fühlt sich freier an. Bei einer größeren Aufräum- und Putzsession überlege ich mir vorher auch immer eine kleine Belohnung: Süßigkeiten, ein Film, den ich schon lange schauen wollte, oder einer Dusche in dem schönen sauberen Bad. Oder manchmal auch einfach eine Fünf-Minuten-Pause auf der Couch. Dinge, die wir mit einer positiven Einstellung angehen, machen wir lieber. Da hilft es, sich beim Aufräumen und Putzen auf die Belohnung am Ende zu konzentrieren.

Den eigenen Wohlfühlgrad kennen

In meinen ersten beiden Wohnungen war es mir ganz wichtig, dass die Oberflächen alle aufgeräumt waren. Ich mochte es nicht, wenn gespültes Geschirr zum Trocknen neben dem Waschbecken stand oder wenn schmutzige Wäsche herumlag.

Und ich hasste es auch, wenn die Schränke innen unordentlich waren. Deshalb habe ich einfach mehr Zeit mit Aufräumen und Putzen verbracht als heute. Jeder Mensch hat einen eigenen Wohlfühlgrad, was Ordnung bzw. Unordnung angeht. Vielleicht schaffst du es, wie ich, den ein wenig anzupassen. Es erst mal auszuhalten, wenn die Wäsche herumliegt oder der Schrank nicht hundertprozentig aufgeräumt ist. Mir persönlich geht es so, dass es für mich entspannend ist, wenn weniger Kram herumliegt. Deshalb haben wir angefangen, ein wenig in Richtung Minimalismus zu gehen und immer wieder Dinge auszusortieren, die wir eigentlich nicht brauchen.

Nicht alles auf einmal machen

Was mir noch hilft, ist, die Haushaltsaufgaben in Unterbereiche zu teilen, kleine Routinen zu entwickeln und alte Gewohnheiten zu ändern. Früher, als wir nur zu zweit lebten, habe ich oft am Samstag drei Stunden am Stück aufgeräumt und geputzt. Die lange Zeit führte bei mir aber im Vorfeld zu großer Unlust. Mittlerweile leben wir zu viert in unserer Wohnung. Da würde das Aufräumen und Putzen wahrscheinlich länger als nur drei Stunden dauern, wenn wir unter der Woche alles liegen lassen und nur am Samstag das Chaos beseitigen würden.

Die eigene Motivation finden

Dinge Aussortieren macht mir großen Spaß, ganz einfach, weil ich weiß: Danach steht weniger herum und es muss weniger aufgeräumt und geputzt werden. Es hilft tatsächlich sehr, wenn du dir immer vorstellst, wie du dich nach dem Putzen fühlst und wie schön deine Wohnung oder dein Haus dann aussieht.

Falls dir das nicht an Motivation ausreicht: Aufräumen und Putzen hält uns je nach Aufwand auch einfach fit, da wir uns bewegen, statt nur auf der Couch zu sitzen. Und es gibt noch ein paar mehr Dinge, die als Motivation dienen können:

Ein paar Tipps für mehr Spaß beim Putzen

- Dreh deine Lieblingsmusik auf und sing laut mit.
- Zieh dir Kopfhörer an und telefoniere beim Staubwedeln.
- Wartest du darauf, dass der Kaffee fertig wird? Räum in der Zeit fix die Spülmaschine aus.
- Lade Gäste ein – das motiviert zum Aufräumen und Putzen.
- Eigne dir Routinen an.
- Teile die To-dos in kleine Päckchen.
- Besorge dir gute Hilfsmittel wie einen guten Wischmopp, der nicht alle paar Minuten auseinanderfällt.
- Wohnst du mit jemandem zusammen, dann teilt euch die Hausarbeiten gleich auf – so müssen beide weniger tun.
- Mach Putzmittel mit deinen Lieblingsdüften selbst – so riecht deine Wohnung direkt danach.
- Nutze Putzutensilien, die du wirklich schön findest – vielleicht lieber einen Putzeimer aus Metall anstatt Plastik, oder nähe und häkle dir Schwämme und Lappen in deinen Lieblingsfarben.
- Lass Putzmittel immer gut einwirken – so musst du weniger schrubben.
- Erledige das Putzen lieber unter der Woche statt am Wochenende – so ist das Wochenende frei.
- Mach dir einen Plan – das Abhaken gibt ein gutes Gefühl und du weißt direkt, was ansteht.
- Putze nicht im Schlafanzug, sondern in deinem Lieblings-Outfit.
- Fühlst du dich überfordert, dann hol dir Unterstützung.

Die Zutaten für Putzmittel

Die unterschiedlichen Arten von Schmutz und was gegen sie hilft, hast du auf Seite 16 schon kennengelernt. Um das richtige Putzmittel für deinen Fleck herstellen zu können, solltest du die möglichen Inhaltsstoffe und ihre Eigenschaften sowie Wirkweisen kennen. Im Folgenden stelle ich die wichtigsten Zutaten vor und gebe einige Hinweise, u. a. zu ihrer Wirkung.

Natron
(Natriumhydrogencarbonat) – ph-Wert 8

Natron ist ein echter Alleskönner. Es dient als Basis für Allzweckreiniger, Rohrreiniger, sogar schlechte Gerüche kann man damit entfernen und auch Kosmetik wie Deo selbst herstellen. Doch Natron wird nicht nur in der Reinigung eingesetzt, sondern auch als Backtriebmittel in Kuchen (daher wird es mitunter als „Backsoda" oder im Englischen als „Baking Soda" bezeichnet), gegen Sodbrennen und als Bestandteil von Brausetabletten. Es gibt wenige natürliche Vorkommen, daher wird es meist aus Kochsalz gewonnen.[10] Zu kaufen gibt es Natron in Drogerien, Apotheken und Unverpacktläden. Für die Rezepte in diesem Buch sollte sehr feinpulvriges Natron verwendet werden, bitte kein Ätznatron.

Natron reagiert leicht basisch. Bei der Lösung von Fetten (Triglyceride) werden diese durch das Natron eigentlich verseift. Bei der Verseifung entstehen Glycerin und auch Salze (Carboxylate), die alle Eigenschaften von Tensiden haben. Durch diese wird das Fett im Wasser löslich.

WIRKUNG
- löst fettige Verschmutzungen
- wirkt kalklösend
- neutralisiert Säuren

NICHT GEEIGNET FÜR
- Wolle
- Seide

Soda
(Natriumcarbonat) – ph-Wert 13,5

Soda ist ein sehr feines, weißes Puder, auch unter dem Namen „Waschsoda" bekannt. Es wird nicht aus natürlichen Vorkommen gewonnen, sondern in einem chemischen Prozess hergestellt und wirkt ähnlich wie Natron, allerdings stärker und darf daher anders als Natron auch nicht in Lebensmitteln verwendet werden. Soda kann die Augen und die Schleimhäute reizen, also bei der Nutzung besser Handschuhe tragen und das Pulver nicht einatmen! Das mag vielleicht im ersten Moment etwas übertrieben klingen, ist auf Dauer aber sinnvoll. Soda wird vor allem gegen hartnäckige Verschmutzungen eingesetzt.

WIRKUNG
- löst hartnäckige Verschmutzungen
- gut gegen fettige Verschmutzungen
- eignet sich als Bleichmittel für Wäsche

NICHT GEEIGNET FÜR
- Granit und Kalkstein
- farbempfindliche Textilien
- Oberflächen aus Aluminium
- Wolle, Seide

Zitronensäure
ph-Wert 2

Zitronensäure, auch „Citric Acid", kann als Pulver oder in flüssiger Form gekauft werden und hat zwei besondere Eigenschaften: Sie ist, anders als Essig, geruchsneutral und wirkt zudem stärker als Essigsäure. Damit eignet sie sich super zum Reinigen von Waschmaschine oder Spülmaschine sowie als Kalklöser: Wird Zitronensäure mit Wasser verdünnt und auf den Kalk (Calciumcarbonat) aufgetragen, wird das Salz der Kohlensäure (Carbonat) wieder zu normaler Kohlensäure umgewandelt und zerfällt in Wasser und Kohlendioxid. Das Calcium wird von der Zitronensäure gebunden und löslich gemacht.

Zitronensäure wird in zahlreichen Pflegeprodukten verwendet, beispielsweise in Badebomben und Shampoos, aber auch in einigen Lebensmitteln wie Limo, Brausepulver oder Gummibärchen. Die Zitronensäure, die in der Drogerie zum Putzen gekauft wird, ist allerdings nicht für den Verzehr zugelassen.

Zitronensäure sollte man, wie Essig auch, nie auf Naturstein, Zink, Alu, Eisen oder Kork anwenden. Natursteine wie Marmor sind Kalksteine und können dadurch beschädigt werden. Auch bei Fliesenfugen aus Zement sollte sie nur verdünnt eingesetzt werden, denn Zement besteht zu einem Teil aus Kalkstein, und auf Dauer könnte Zitronensäure diesem Schaden.

Bei leichten Verschmutzungen kann statt Zitronensäure auch Zitronensaft genutzt werden.

WIRKUNG
- wirkt kalklösend
- löst Wasserflecken"

NICHT GEEIGNET FÜR
- Marmor
- Emaille
- Aluminium

ESSIG SOLLTE IMMER MIT WASSER VERDÜNNT WERDEN, WIE AUCH ZITRONENSÄURE. ER KANN IM VERHÄLTNIS 1 : 5 ODER 1 : 1 MIT WASSER GEMISCHT WERDEN, DAMIT ER NICHT ZU SCHARF IST UND DIE FUGEN NICHT ANGREIFT.

Essig

ph-Wert 2–3

Essig gehört eigentlich in den Salat, stimmt's? Er eignet sich aber auch zum Reinigen im Badezimmer und von Böden. Für die Rezepte in diesem Buch wird meist Tafelessig oder Apfelessig verwendet, bestenfalls immer ein klarer, nicht farbiger Essig, damit er nicht abfärbt. Klassischer Essig hat einen Säureanteil von ungefähr fünf Prozent. Essigessenz kann man ebenfalls verwenden. Sie hat einen Säureanteil von 15–20 Prozent. Essig entsteht entweder dadurch, dass Essigsäure mit Wasser verdünnt wird, oder durch Essiggärung. Beispielsweise wird Apfelwein durch den Zusatz von Essigbakterien durch Essiggärung in Apfelessig umgewandelt.[12]

Essig hat einen Nachteil gegenüber Zitronensäure: einen starken Geruch. Der verfliegt zwar nach ein bis zwei Stunden. Wenn er als Entkalker für

Eine Gefahr für Gummi?

Essig und Zitronensäure wird nachgesagt, dass sie Gummidichtungen beschädigen können. Was die Gummidichtungen der Waschmaschine u. Ä. anbelangt, habe sich diese Behauptung in langen Testreihen nicht bestätigt, so die Hersteller von Zitronensäure und Essigessenz. Ich empfehle, beides verdünnt aufzutragen oder die Gummis vorher mit einem Lappen nass zu machen. Im Zweifelsfall sollte man der Zitronensäure den Vorzug geben: In der Waschmaschine wird sie durch das Wasser stark verdünnt.

Wirkung
- zaubert glänzende Oberflächen
- wirkt kalklösend
- beseitigt Harnstein

Nicht geeignet für
- Marmor
- Emaille
- Aluminium

Wasserkocher oder Kaffeemaschine genutzt wird, kann aber etwas Essiggeschmack zurückbleiben.

Tenside

Tenside sind waschaktive Substanzen in pulvriger oder flüssiger Form und werden in vielen kaufbaren Reinigungsmitteln und auch Kosmetikprodukten wie Shampoos verwendet. Auch Seife fällt unter die Bezeichnung Tensid. Es gibt viele unterschiedliche Arten von Tensiden. Sie dienen dazu, die Oberflächenspannung des Wassers herabzusetzen, und erleichtern die Ablösung von Schmutz im Wasser. Manche Tenside werden auf Basis fossiler Rohstoffe, andere auf Basis nachwachsender Rohstoffe wie Palmöl oder Kokosöl hergestellt. Einige sind unter Aspekten des Umweltschutzes bedenklich, auch da sie kaum biologisch abgebaut werden. Andere wieder sind milder und leicht biologisch abbaubar. Bestenfalls greifen wir auf diese zurück. „Leicht biologisch abbaubar" heißt allerdings nicht, dass die Tenside im Klärwerk komplett verschwinden.[13] Tenside sollten daher sparsam eingesetzt werden. Das Tensid SCI (Sodium Cocoyl Isethionate) ist leicht biologisch abbaubar und wird daher auch für das Rezept auf Seite 54 verwendet.[14]

Ätherische Öle

Ätherische Öle geben Putzmitteln einen guten Duft – in vielen fertigen Reinigern werden beispielsweise Zitrusdüfte verwendet – und können antibakteriell und desinfizierend wirken. Sie sind in Bio-Qualität vor allem in Apotheken, Bio-Supermärkten und online zu finden. Reinigungsmittel mit ätherischen Ölen sollten nie in der freien Natur genutzt werden, sondern so, dass sie über den Abfluss weggespült werden. Doch auch Kläranlagen können nicht alle Stoffe herausfiltern: Manche Stoffe lagern sich im Klärschlamm ab, der teilweise als Dünger für Felder verwendet wird.[15] Daher sollte man ätherische Öle sparsam einsetzen.

WIRKUNG
- lösen Fett und Schmutz
- sind schaumbildend

NICHT GEEIGNET FÜR
- hartnäckige Verschmutzungen

WARNHINWEISE UND WICHTIGES ZUR ANWENDUNG

Für alle beschriebenen Mittel und vor allem auch gekaufte Fertigputzmittel gilt: Bei unsachgemäßer Anwendung können sie den Körper schädigen. Daher solltest du beim Putzen Gummihandschuhe tragen und darauf achten, dass die Inhaltsstoffe keinesfalls in die Augen gelangen oder gegessen werden. Sie sollen über den Sondermüll entsorgt werden und nicht in die Hände von Kindern gelangen. Also außerhalb von deren Reichweite aufbewahren und bestenfalls nicht zusammen mit Lebensmitteln.

HÜBSCHE ETIKETTEN ZUM AUSDRUCKEN FINDEST DU HIER: WWW.ULMER.DE/SCHLAUER-PUTZEN

Beschriftet werden sollten sie immer, damit keine Verwechslungsgefahr besteht. Natron sieht eigentlich genauso aus wie Soda und ist nur schwer zu unterscheiden, wenn es nicht beschriftet ist. So stellst du auch noch sicher, dass kein Reinigungsmittel mit einem Getränk verwechselt wird. Wenn du es dir ganz leicht machen willst, dann schreibst du auch das Rezept auf die Verpackung des Reinigungsmittels. Sobald es leer ist, weißt du dann direkt, wie du es nachfüllen und nachmachen kannst.

Ätherische Öle sollten nie unverdünnt eingesetzt werden. Warnhinweise gilt es stets zu beachten. Vor allem wichtig bei Reinigungsmitteln ist der Hinweis: „Kann schädlich für Wasserorganismen sein." Mittel mit diesem Hinweis sollten nie in der freien Natur verwendet werden.

Putzwasser richtig entsorgen

Ob nach Reinigungsarbeiten im Haus, in der Garage oder im Garten, grundsätzlich gilt: Das Putzwasser aus dem Eimer sollte über die Toilette oder einen anderen Abfluss im Haus entsorgt werden. Nur so ist sichergestellt, dass es auch in einer Kläranlage gereinigt wird.

Denn es werden drei Arten von Abwasser unterschieden: Schmutzwasser, Regenwasser und Mischwasser. Mischwasser ist eine Mischung aus den ersten beiden. Schmutz- und Mischwasser sollten in Kläranlagen aufbereitet werden, damit Schadstoffe so gut es geht herausgefiltert werden. Ein Straßengully jedoch könnte je nach Wohnort an die Regenwasserkanalisation angeschlossen sein. Alles, was dort hineingegeben wird – also auch Zigarettenkippen –, gelangt direkt in Bäche und Flüsse!

TIPPS FÜR DEN EINKAUF

Wo finde ich das, was ich für den Fleck auf meiner Bluse oder für das Rezept meiner Wahl brauche? Supermarkt, Apotheke, Online-Shop? Und wovon lasse ich besser die Finger? Im Folgenden ein paar allgemeine Shopping-Tipps.

Wenn du nicht alles selbst machen willst

Klar ist es erlaubt, Fertigprodukte zu kaufen; es gibt sie mittlerweile auch in nachhaltiger. Doch wie herausfinden, was wirklich nachhaltig ist? Viele Produkte enthalten Mikroplastik, Tenside auf Erdölbasis, Chlor oder anderes, was wir vermeiden können. Hier ein paar Tipps, wie du nachhaltige Putzmittel findest:

- Spare Verpackungen, indem du im Unverpacktladen einkaufst. Dort füllst du die Putzmittel in selbst mitgebrachte Behälter ab. Mittlerweile haben auch schon einige Drogerien und Bio-Supermärkte Abfüllstationen. Die Inhaber*innen von Unverpacktläden prüfen übrigens sehr genau, welche Produkte sie in den Laden aufnehmen – auch das ist eine gute Sache.
- Achte auf die abgedruckte Liste der Inhaltsstoffe oder suche im Internet nach dem Produktnamen und dem Stichwort „Testergebnis". Vielleicht wurde das Produkt schon von einem Institut getestet.
- Achte auf Siegel wie den „Blauen Engel" oder „Ecocert". Die sind grundsätzlich ein guter Anhaltspunkt. „Ecocert" zum Beispiel zeichnet Produkte aus, die umweltschonender sind als die vergleichbare konventionelle Konkurrenz. Beachte nur bitte, dass die produzierenden Unternehmen Geld in die Hand nehmen müssen, um die Auszeichnung mit einem solchen Siegel zu erlangen: Kleine Unternehmen haben diese Mittel vielleicht noch nicht. Die App „Siegelklarheit" von der Deutschen Gesellschaft für Internationale Zusammenarbeit hilft im dichten Wald der vielen Siegel übrigens weiter: Damit kannst du Siegel direkt im Laden abscannen.
- Nutze die ToxFox-App des BUND. Damit kannst du prüfen, ob ein Produkt hormonell wirksame Chemikalien enthält.
- Lass dich nicht von Werbeworten wie „grün", „natürlich", „gut zur Umwelt", „Verpackung aus recyceltem Material" und dergleichen täuschen. Achte auf wirklich sinnvolle Dinge wie: Ist die Verpackung vielleicht aus Graspapier? Sind zum Beispiel die Spülmaschinen-Tabs nochmal einzeln in Plastik verpackt?

- Manche Produkte erscheinen auch nur auf den ersten Blick als sehr gut, wie Spülmittel in grüner Verpackung oder grün gefärbtes Spülmittel mit der Aufschrift „pflanzenbasiert". Allein schon die Farbe kann beim potenziellen Käufer die gewünschten Assoziationen wecken, wie dass wir denken, ein Produkt sei gut für die Umwelt. Behalte das bei der Shopping-Tour im Hinterkopf.
- Besonders schädliche Mittel erkennst du an den viereckigen Warnsymbolen auf der Verpackung. Vor allem diese drei solltest du vermeiden: „Gesundheitsschädlich", „Ätzend", „Entzündbar".

- Wenn du noch etwas mehr Zeit investieren willst, dann suche online nach dem Unternehmen und seinem Team sowie seiner Mission. Das hört sich alles vielleicht erst einmal nach viel an, aber wenn du dir einmal ein gutes Produkt herausgesucht hast, brauchst du danach nicht wieder zu suchen. Nachhaltigkeit und Reinigung sollen allerdings keine Last sein – wenn du also keine Zeit oder Lust hast, so genau zu recherchieren, ist das auch ok.
- Seit ein paar Jahren gibt es immer mehr Putztabs und Putzpulver. Beide enthalten reinigende Substanzen und werden meist in Papier verpackt verkauft. Sie werden einfach zu Hause in Wasser aufgelöst – somit wird weniger Wasser durch die Gegend transportiert und auch weniger Verpackung benötigt.

Das spart Ressourcen. Die Reinigungsleistung entspricht meiner Meinung nach der der selbstgemachten Reinigungsmittel. Diese Produkte sind also eine gute Alternative. Allerdings gibt es nur eine kleine Auswahl. Scheuermilch beispielsweise gibt es so noch nicht zu kaufen. Wenn du dir einmal die Zutaten dieser Produkte anschaust, wirst du feststellen, dass sie ähnliche Inhaltsstoffe enthalten wie die Rezepte in diesem Buch.

WENN DU BEIM EINKAUF AUF NUMMER SICHER GEHEN WILLST, EMPFEHLE ICH DIR DIE TOXFOX-APP. DAMIT KANNST DU INHALTSSTOFFE UND AUCH FERTIGE REINIGUNGSMITTEL ABSCANNEN UND SIEHST DIREKT, OB BEDENKLICHE STOFFE ENTHALTEN SIND.

Zutaten einkaufen

Um Putzmittel selbst herzustellen, brauchst du Natron, Soda, Zitronensäure, Essig und, wenn du willst, ätherische Düfte. Manches hast du vielleicht sowieso schon zu Hause, wie Essig und Natron, das auch beim Kuchenbacken eingesetzt wird. Was du nicht hast, bekommst du in der Drogerie, in Bio-Supermärkten und in Unverpacktläden. Der Vorteil am Unverpacktladen ist, dass du dort genau die Menge kaufen kannst, die du benötigst, und das in eigenen Beuteln oder Gläsern. Also zerowaste! Falls du online bestellst, dann am besten *alles in einem* Shop und in einer Bestellung: Das spart Versandkartons und -kosten. Das Gute ist: Alles zusammen wird dich im Jahr nur knapp zehn Euro kosten. Bei ätherischen Ölen empfehle ich, naturreine Öle in Bio-Qualität zu nutzen, denn die halten länger als ein Jahr – und meist werden nur wenige Tropfen benötigt. Eine größere Auswahl von Düften gibt es in der Apotheke. Das Gute am Selbermachen ist, dass auch Reste verwertet werden können. Ein Zitrusreiniger kann beispielsweise u. a. aus Zitronen- oder Orangenschalen hergestellt werden, oder Seifenreste werden zu Flüssigseife verarbeitet. Sogar aus Paketkordel kann etwas Neues entstehen – was genau, findest du auf Seite 56.

Das kannst du vor dem Einkauf abchecken:

○ Ist es ein flüssiges oder ein pulvriges Produkt? Das pulvrige ist meistens ressourcenschonender.
○ Ist die Verpackung aus Plastik oder Papier oder sogar wiederverwendbar?
○ Wird möglichst wenig Verpackung genutzt?
○ Wo wird das Reinigungsmittel hergestellt?
○ Von wem wird das Mittel hergestellt?
○ Erfolgt die Produktion ohne Tierversuche?
○ Scanne den Barcode mit der ToxFox-App.
○ Trägt das Produkt ein Siegel? Schau, wofür das steht.
○ Überprüfe die Warnhinweise.
○ Gibt es ein Testergebnis zu dem Produkt?
○ Gibt es das Produkt auch in einem Unverpacktladen?

ONLINE-SHOPPING:
NICHT UNBEDINGT EINE UMWELTSÜNDE

Internetbestellungen seien eine Umweltsünde, das hört man immer wieder mal. Es stimmt aber nicht immer. Online-Shopping kann sogar besser sein als Offline-Shopping, wenn nämlich …

- nur das gekauft wird, was wirklich gebraucht wird,
- nichts zurückgesendet wird,
- das Paket direkt angenommen wird und nicht zurück zur Poststation muss
- und die Standard-Lieferung genutzt wird, sodass kein extra Lieferwagen fahren muss (zusätzliche Fahrten verbrauchen wieder mehr Ressourcen).

On top kann man noch darauf achten, wie die Produkte geliefert werden. Vielleicht in einem Graspapierkarton oder sogar in einer mehrfach verwendbaren Verpackung, sodass kein Müll anfällt. Oder vielleicht innerorts sogar mit einem Lastenrad oder E-Mobil.
Online-Shopping kann also eine gute Sache sein. Warum? Auch der stationäre Handel verbraucht Ressourcen. Räumlichkeiten, die beheizt und klimatisiert werden. Auch hier wird die Ware ausgepackt und nach dem Verkauf vielleicht in eine Tüte gepackt. Und einige Kunden müssten lange Strecken mit dem Auto fahren, um lokal einzukaufen.
Bei beidem gilt jedenfalls: wirklich gut auswählen, wo gekauft wird.

MEHR ALS EIN ORT ZUM KOCHEN

Wir verbringen so viel Zeit in der Küche – mit der Familie und Freund*innen, wir kochen und backen, mal gemeinsam, mal allein. Und nach jeder Küchen-Aktion folgt das Putzen. Gerade hier fallen unterschiedliche Arten von Verschmutzungen an: Eingetrocknetes, Eingebranntes oder Eingebackenes – noch dazu auf ganz unterschiedlichen Oberflächen. Doch es muss nicht immer das in Plastik verpackte Produkt aus dem Supermarkt sein oder das Einweg-Papiertuch. Mit ein paar einfachen Ideen kannst du viele Verpackungen und vor allem Geld sparen – und zugleich die Oberflächen in deiner Küche schonen.

GRUNDREGELN FÜR DIE KÜCHE

Für die Küche gibt es ein paar einfache Grundregeln und Routinen, die das Leben leichter machen. Es reicht, ein paar Kleinigkeiten zu beachten: So reichen dann auch meist fünf Minuten täglich, um die Küche aufgeräumt und sauber zu halten.

- Gerade auf dem Tisch und auf der Arbeitsplatte verarbeiten wir Lebensmittel, daher sollten die Oberflächen sauber sein. Spritzer und Speisereste sollten bestenfalls sofort entfernt werden, damit sie nicht antrocknen. Allgemein gilt: Tisch und Arbeitsflächen nach der Nutzung kurz säubern und aufräumen. Bleibt man am Ball, sammeln sich keine Dreckberge an.
- Herd und Backofen bestenfalls nach jeder Benutzung kurz ab- bzw. auswischen. Viele Backöfen haben mittlerweile aber sogar eine Selbstreinigungsfunktion.
- Vorratsschränke klein halten. Das führt dazu, dass weniger Lebensmittel ungenutzt ihre Haltbarkeit verlieren und man einen besseren Überblick hat. Die Vorratsschränke sollten wenigstens einmal im Jahr aufgeräumt und ausgewischt werden.
- Ein Klassiker noch: Den Mülleimer immer leeren, bevor er überquillt. Vor allem Rest- und Biomüll sollten ab und an gereinigt werden. Übrigens: Wenn du dir vornimmst, weniger Verpackungsmüll zu produzieren, musst du natürlich auch den entsprechenden Mülleimer seltener leeren. Ganz wichtig ist, auch den Deckel des Mülleimers zu kontrollieren und, falls nötig, zu reinigen, denn genau da können ungesehen Schimmelpilze wachsen.

grundregeln für die küche ← 43

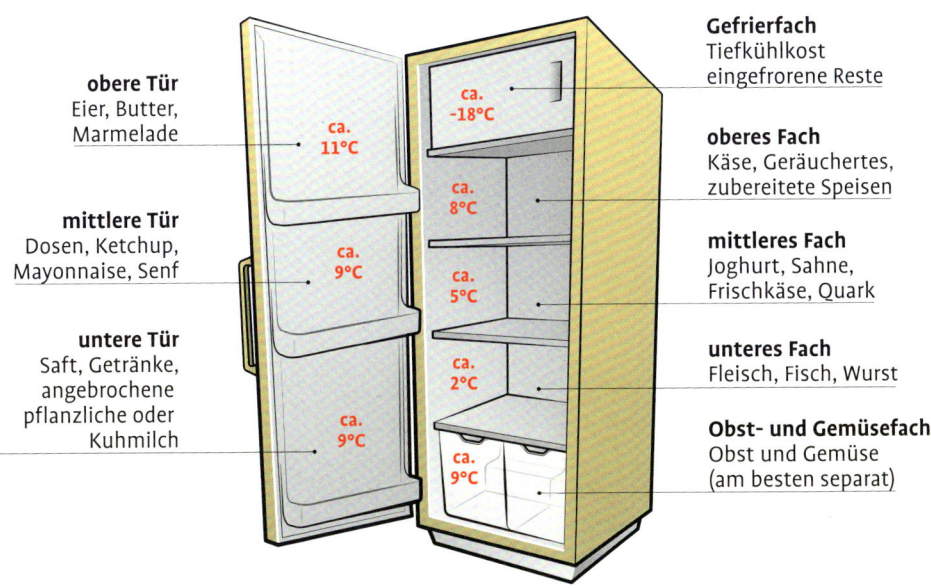

Gefrierfach
Tiefkühlkost
eingefrorene Reste

obere Tür
Eier, Butter,
Marmelade

ca. -18°C

ca. 11°C

oberes Fach
Käse, Geräuchertes,
zubereitete Speisen

ca. 8°C

mittlere Tür
Dosen, Ketchup,
Mayonnaise, Senf

ca. 9°C

ca. 5°C

mittleres Fach
Joghurt, Sahne,
Frischkäse, Quark

untere Tür
Saft, Getränke,
angebrochene
pflanzliche oder
Kuhmilch

ca. 2°C

unteres Fach
Fleisch, Fisch, Wurst

ca. 9°C

ca. 9°C

Obst- und Gemüsefach
Obst und Gemüse
(am besten separat)

WENIGER SCHIMMEL IN DER KÜCHE

Im Durchschnitt werfen wir Deutsche pro Kopf 75 kg Lebensmittel pro Jahr in die Tonne. Generell gilt mit Blick auf Küchenschränke und Kühlschrank, dass möglichst nur Lebensmittel gekauft werden sollten, die auch verbraucht werden. Das spart Ressourcen und auch Geld.[16] Zudem vermeiden wir so, dass sich Lebensmittel jahrelang in den hintersten Ecken verstecken und Schimmel und Ungeziefer Einzug halten. Auch im Kühlschrank ist die Vermeidung von Schimmel oberste Priorität. Eine Kühlschranktemperatur von 7 °C ist ausreichend. Wer Lebensmittel richtig lagert und den Bestand regelmäßig überprüft, ist, was die Schimmelgefahr anbelangt, auf der sicheren Seite. Wird der Kühlschrank nach dem Aussortieren gereinigt, sollten vor allem die kleinen versteckten Rillen mitberücksichtigt werden. Und auch das Loch und die Zulaufrillen an der hinteren Wand des Kühlschranks, durch das das Kondenswasser abläuft.

MEHR NACHHALTIGKEIT IN DER KÜCHE

Neben der Herstellung eigener Reinigungsmittel gibt es noch ein paar andere Tricks, die die Küche zu einem nachhaltigeren Ort machen und dabei helfen können, Ressourcen und auch Geld zu sparen.

Umweltfreundlicher Geschirrspülen

Fragst du dich auch manchmal, ob per Hand Spülen nicht besser wäre? Laut einer Vergleichsstudie der Uni Bonn[17] ist das Spülen mit der Spülmaschine ökologisch besser als per Hand. Es verbraucht weniger Wasser und weniger Energie. Damit das gegeben ist, sollte die Maschine immer möglichst voll sein. Ein Vorspülen von Geschirr im Waschbecken ist nicht nötig. Bei leichter Verschmutzung reicht ein Sparprogramm, generell auch meist das Öko- oder Eco-Spar-Programm. Das Sieb sollte sauber gehalten werden – denn ist es verstopft, verlängert das den Spülgang unnötig. Und wie bei allen Geräten im Haushalt macht es Sinn, die Spülmaschine nicht im Stand-by-Modus laufen zu lassen, sondern sie auszuschalten, wenn sie gerade nicht benutzt wird. Per Hand spülen solltest du nur die Dinge, die nicht in die Spülmaschine passen, wie große Schüsseln oder besondere Messer.

Der Lappen macht's

Nutzt du zum Putzen diese gelben Schwämme, die auf einer Seite eine schwarze Fläche haben? Wusstest du, dass die komplett aus Plastik bestehen? Bei der Nutzung können sich kleinste Teilchen lösen und so in unser Wasser gelangen. Auch die Papier-Küchenrolle könntest du ersetzen, um deine Küche nachhaltiger zu gestalten, denn die Papierindustrie gehört zu den energieintensivsten Branchen in Deutschland. Für die Herstellung von Küchenrolle werden tatsächlich Bäume gefällt. Dazu kommt noch, dass die Rollen meist in Plastik verpackt verkauft werden. Besser ist hier die Nutzung wiederverwendbarer Utensilien. Es gibt sogar Spültücher, die direkt in der Spülmaschine mitgewaschen werden können. So ein waschbarer Lappen hat viele Vorteile: Über die Dauer spart man Geld, er ist oft saugstärker und auch reißfester als ein Papiertuch und schont nebenbei noch die Umwelt.

mehr nachhaltigkeit in der küche ← 45

Nutze Ressourcen clever

- Machst du manchmal ein Wasserbad, um Schokolade zu schmelzen? Dann gieße das Wasser anschließend nicht ungenutzt weg. Nutze es, um beispielsweise die Spüle zu putzen, oder zum Blumengießen.
- Das Kochwasser von Kartoffeln kann als Abflussreiniger oder als Politur für die Spüle genutzt werden.
- Silberbesteck kann mit der Innenseite einer Bananenschale wieder glänzend poliert werden.
- Kaffeesatz kann genutzt werden, um Angebranntes in Töpfen zu entfernen.
- Verpackungen oder Gläser von Gemüsestreichcreme oder Kirschen kannst du wiederverwenden, um Soda und Natron aus dem Unverpacktladen darin zu transportieren, oder auch, um darin selbstgemachte Putzmittel aufzubewahren.

Zu einigen dieser Tipps siehe ausführlicher auf Seite 46–47.

250 000 TONNEN GESCHIRRSPÜLMITTEL WERDEN IN DEUTSCHLAND JÄHRLICH GEKAUFT. DAS IST EIN RIESIGER BERG AN VERPACKUNGSMÜLL, DER SPÄTER IN UNSERER UMWELT LANDET ODER VERBRANNT WIRD.

WELCHE REINIGUNGSMITTEL BRAUCHE ICH WIRKLICH?

Ja, was haben wir denn da alles zu putzen? Da ist zum einen die Arbeitsplatte: Generell am leichtesten zu reinigen sind Arbeitsplatten aus Kunststoff oder Kunststein. Bei einer Arbeitsplatte aus Holz oder Naturstein ist der Pflegeaufwand am höchsten und es dürfen nur ganz milde Reiniger genutzt werden. Außerdem wären da noch der Herd, der Backofen, das Spülbecken, die Schranktüren, -schubladen und -fächer, der Esstisch, der Küchenboden … Das Gute ist: Da reichen ein paar wenige Alleskönner.

Drei Putzmittel reichen für die Küche

Spülmittel: Für alle Dinge, die nicht in die Spülmaschine passen, brauchen wir ein gutes Spüli. Das Spülmittel auf Seite 52 kann auch zur Reinigung von Spülbecken, Tisch und Arbeitsplatte genutzt werden, sogar für den Fliesenboden und je nach Art der Küche auch für die Türen der Schränke.
Scheuermilch und Fettlöser: Das brauchen wir vor allem für den Backofen und den Herd.
Diese drei Reinigungsmittel reichen für die Küche schon komplett aus. Und das Tolle ist, dass du genau diese Mittel auch für andere Räume verwenden kannst.
Für spezielle Anwendungsfälle wie Holzoberflächen oder Silberbesteck findest du im Folgenden einige Tipps.

Putzmittel für besonders harte Fälle

… etwa für die Stellen, wo die Spülbürste nicht hinkommt, oder für wirklich „besondere" Verschmutzungen wie Rost oder Eingebranntes. Auch die Pflege von Holz wollen wir uns in diesem Abschnitt genauer ansehen.

Eingebranntes lösen

Topf auf der Platte vergessen? Oder zu lange mit dem Spülen gewartet? Kein Problem. 1 l Wasser im Wasserkocher aufkochen und im Topf mit 1 EL Natron mischen. Eine Stunde einwirken lassen. Aufgrund der fettlösenden Wirkung des Natrons ist der Topf schnell wieder sauber. Verkrustungen weichen auf und lassen sich besser lösen.

Weg mit dem Flugrost

Kleine Flugrostflecken auf Besteck können mit einem kleinen zusammengeknüllten Stück Alufolie oder einem Spritzer Zitronensaft entfernt werden.[18] Der Flugrost stellt zwar kein gesundheitliches Risiko dar, kann aber durchaus das Besteck schädigen. Damit das länger hält, sollte er also entfernt werden. Alufolie ist unedler als das Besteck und oxidiert schneller, daher setzt sich der Rost eher darauf ab.

Edelstahl glänzen lassen

Geht ganz einfach! Ob es die Spüle ist, die Front vom Kühlschrank oder die Spülmaschine: Nämlich mit Kartoffelschalen. Die Edelstahlflächen einfach mit der feuchten Seite der Kartoffelschale abreiben: Sie wirkt gut gegen Wasserflecken. Ist die Spüle stark verschmutzt oder voller Kalkflecken, kann auch die selbstgemachte Scheuermilch von Seite 58 verwendet werden.[19]

Silber polieren

Das gute alte Silberbesteck, das nur wenige Male im Jahr hervorgeholt wird und den Rest des Jahres schwarz anläuft, kann man ganz einfach mit Bananenschalen reinigen. Dafür mit der inneren Seite der Schale darüberreiben. Bestenfalls wird Silberbesteck eingewickelt in einem Tuch gelagert – dann bilden sich nämlich weniger schwarze Flecken.

Holz in der Küche pflegen

Es sieht sehr schön aus, ist aber neben Natursteinoberflächen mit am aufwendigsten zu erhalten. Kommen Arbeitsplatten und Küchenfronten aus Holz mit Wasser in Berührung, sollten sie sofort trockengewischt werden, denn sonst bilden sich Wasserflecken. Zudem sollte man Holzflächen mit Lack versiegeln, um sie haltbarer zu machen. Generell sollte immer gut gelüftet werden, vor allem beim Kochen, damit die Raumluft weniger feucht ist – auch damit schont man das Holz.

Oft vergessen und dennoch wichtig

In der Küche haben wir viele Elektrogeräte: Kaffeevollautomat, Spülmaschine, Dunstabzugshaube – sie alle nehmen uns eine Menge Arbeit ab. Damit sie dies einwandfrei und möglichst lange für uns tun können, sollten sie gut gepflegt werden. Denn manche bieten leider wunderbare Verstecke für Keime und Schimmel.
Hier also die vier versteckten Endgegner in der Küche:

- Die **Dunstabzugshaube** sollte regelmäßig gereinigt werden. Einfach, weil sich dort viel Fett ablagern kann, und wenn sich das über Monate oder Jahre sammelt, dann muss richtig geschrubbt werden. Der Fettfilter kann in ein Gemisch aus Soda und Wasser eingelegt werden, am besten über Nacht. Natron ginge auch, aber da Soda stärker wirkt als Natron und sicher einiges an Fett an dem Filter ist, lieber Soda. Wenn das nicht reicht, kann auch noch Spüli dazugegeben werden. Anschließend kann der Filter einfach in der Spülmaschine mitgewaschen werden.
- Die **Spülmaschine** kann einfach entkalkt werden, indem man 2 EL Zitronensäure in die Maschinen gibt und sie leer laufen lässt, auf einer höheren Temperatur von 50 oder 60 °C, wie es auch die meisten Hersteller empfehlen. Ein- bis zweimal im Jahr reicht aus, je nach Verschmutzung. Wie die Waschmaschine auch, sollte die Spülmaschine alle paar Monate von außen gereinigt werden. Und innen vor allem die Tür sowie die Seitenflächen und Gummis! Zusätzlich noch das Sieb herausdrehen und mit Spülmittel säubern. Wenn die Spülmaschine mal schlecht riecht, dann eignet sich eine ausgepresste Zitrone prima: Dafür reibst du mit der Zitrone über die Wände der Spülmaschine und legst sie dann in den Besteckkasten. Nach einem Waschgang sollten schlechte Gerüche weg sein.
- Wenn sich im **Kaffeevollautomat** Keime und Schimmel festsetzen, werden sie über den Kaffee oder die Milch getrunken. Vor allem der Wassertank, der Milchaufschäumer und die engen Leitungen können betroffen sein. Verfügt die Maschine über ein Reinigungsprogramm, sollte dieses auf jeden Fall wie vorgegeben genutzt werden. Vor allem sollte das Gerät auch regelmäßig mit Zitronensäure entkalkt werden, insbesondere der Wassertank. Der Milchaufschäumer sollte möglichst nach jeder Nutzung abgewischt werden.
- Der **Kühlschrank** ist ein Ort, an dem sich schnell schon mal Schimmel bildet. Der sollte vermieden werden, da er schlecht für die Gesundheit sein kann. Deshalb sollte der Innenraum mindestens einmal pro Monat aufgeräumt werden: Lebensmittel, die nicht mehr gegessen werden können, sollten entsorgt werden. Kurz einmal mit einem Lappen Säubern bietet sich dann direkt an.

Einfach Entkalken

Regelmäßig entkalken ist Pflicht. Ein Wasserkocher zum Beispiel braucht durch Kalkablagerungen mehr Energie zum Erhitzen des Wassers, da Kalk isolierend wirken kann. Er kann (wie auch die Spülmaschine, der Eierkocher und die Kaffeemaschine) ganz leicht mit Zitronensäure entkalkt werden: 1 EL Zitronensäure in den Wasserkocher geben und das Wasser erwärmen. Manchmal ist zu lesen, dass das Wasser nicht kochen sollte, da sich dadurch ein Stoff bilden könne, der sich wieder ablagert.[20] Laut Hersteller ist das Kochen des Wassers aber unbedenklich.

→ mehr als ein ort zum kochen

FEATURE

Gute Schwämme, Bürsten und Tücher machen es leichter

Gute Utensilien können den Reinigungseffekt verstärken, vor allem bei gröberen Verschmutzungen. So kann weniger Putzmittel genutzt und die Reinigung erleichtert werden. Aber Vorsicht: In Spültüchern und Schwämmen, die immer feucht sind, können sich Keime schnell vermehren. Daher sollten sie zum Trocknen aufgehängt und auch regelmäßig gewechselt werden. Spätestens dann, wenn nach dem Wischen Schlieren zurückbleiben, denn sonst verteilt sich der Schmutz durch Schwamm oder Tuch immer weiter.

Für Küchen mit Hochglanz-Look

...bitte keine Scheuerschwämme nutzen. Auch Mikrofasertücher erst an einer kaum sichtbaren Stelle testen, denn diese können Kratzer bilden. Am besten wäre hier ein reines Baumwolltuch, vielleicht selbst geschnitten aus einem alten T-Shirt.
Auch für Glasflächen sollte man am besten ein weiches Tuch verwenden; Mikrofaser geht auch. Meist reicht Wasser, gemischt mit ein wenig Spülmittel. Auch der Spülkuchen von Seite 54 eignet sich hier gut.

gute schwämme, bürsten und tücher machen es leichter ←

Art des Utensils	Nutzbar für	Besser nicht nutzen für
Juteschwamm	Spülbecken, Geschirr, Fliesen, Waschbecken, Badewanne	Glas, hochglänzende Flächen und Holz
Luffaschwamm	Töpfe, Oberflächen, Geschirr, sogar als Körperpeeling	empfindliche Oberflächen
Baumwollschwamm (z. B. aus T-Shirts)	Oberflächen, Geschirr, Töpfe	Eingetrocknetes oder schwer entfernbare Flecken
Kupferschwämme oder -tücher	gröbere Verschmutzungen, Eingebranntes, Edelstahl und Aluminium, Ceranfeld, Induktionsherd, Metallteile an Auto oder Fahrrad	lackierte oder beschichtete Materialien wie Teflon-Pfannen
Baumwolllappen (T-Shirt oder Handtuch)	Trocknen von Geschirr, Gläsern, kratzempfindlichen Materialien, Brillengläsern, hochglänzenden Oberflächen; Entfernen von Staub von Böden und Holz; Alternative zu Wegwerf-Küchentüchern	gröbere Verschmutzungen – die Reinigungskraft ist zu gering und Baumwolle kann Fussel hinterlassen.
Mikrofasertuch (besteht oft aus Polyester)	Fenster, Polieren von Besteck und Glas, Böden sowie hochglänzenden Oberflächen	sehr empfindliche Oberflächen wie Holz
Leinentücher	Trocknen von Geschirr, Gläsern, kratzempfindlichen Materialien, Brillengläsern; Leinentücher reinigen fusselfrei	gröbere Verschmutzungen

Alle Materialien haben gemeinsam, dass sie waschbar und dadurch wiederverwendbar sind. Wiederverwendbare Materialien schonen die Umwelt.

Wusstest du, dass viele Spülschwämme und Bürsten aus Erdöl-basiertem Plastik bestehen? Nutze am besten eine Edelstahlspülbürste mit einem Wechselkopf. Der Edelstahlgriff ist sehr langlebig und die Köpfe können gewechselt werden. Je nachdem, welche Köpfe du verwendest, kannst du sie sogar reinigen, indem du sie mit kochendem Wasser übergießt. Auch zum klassischen Spüllappen gibt es gute ökologische und plastikfreie Alternativen aus Baumwolle und Holz-Zellulose, die sogar waschbar sind.

CERANFELDER UND INDUKTIONSFELDER REINIGEN

Ceranfelder lassen sich am einfachsten mit deinem Ceranfeldschaber reinigen, der sogar oft mit dem Gerät mitgeliefert wird. Hier braucht es selten spezielle Reiniger. Außerdem eignet sich der Schaber auch noch für die Beseitigung von anderem Schmutz, beispielsweise eingetrockneten Lebensmittelresten auf Fliesen. Induktionsfelder können mit klassischem Glasreiniger sauber werden.

SPÜLMITTEL MIT ORANGENDUFT

Zubereitungszeit 10 Minuten

Haltbarkeit 1 Monat

30 g Olivenölseife

2 TL Natron

600 ml kochendes Wasser

5 Tropfen ätherisches Orangenöl (optional)

Pumpspender oder andere Flasche mit Fassungsvermögen von mindestens 600 ml

Reibe oder Messer

BEI HARTNÄCKIGEN VERKRUSTUNGEN

Bei hartnäckigen Verkrustungen oder Eingebranntem kann die Scheuermilch von Seite 58 genutzt werden. Alternativ das Geschirr länger in lauwarmes Wasser einlegen.

Das Natron im Rezept dient zum Enthärten des Wassers und löst Fette.[21] Die Seife gehört zu den anionischen Tensiden, auch sie wirkt reinigend. Das ätherische Orangenöl kann ebenfalls entfettend wirken.[22] Außerdem riecht es natürlich frisch und gut und kann die Stimmung heben.

- Die Olivenseife mit einer Reibe in kleine Stücke reiben. Wenn keine Reibe zur Hand ist, kann die Seife auch mit einem Messer in kleine Stück geschnitten werden.
- Währenddessen das Wasser mit dem Wasserkocher aufkochen.
- Die Seifenraspel mit dem Wasser in einen Topf geben und kurz aufkochen.
- Danach so lange köcheln, bis sich die Seifenflocken aufgelöst haben.
- Topf vom Herd nehmen und ein paar Minuten abkühlen lassen.
- Nun Natron und ätherisches Öl dazugeben und alles gut vermischen und schütteln.
- Das Gemisch in eine Pumpflasche füllen. Eine Flasche ohne Pumpfunktion funktioniert natürlich auch. Mit Pumpfunktion lässt sich das Spülmittel leichter dosieren.

spülmittel mit orangenduft ← 53

ZITRONEN-SPÜLKUCHEN

Zubereitungszeit 20 Minuten

Haltbarkeit 3 Monate

200 g SCI/Tensid

40 ml Wasser

20 g Natron

5 Tropfen ätherisches Zitronenöl

3 Gläser mit Füllmenge von jeweils ca. 200 g

2 unterschiedlich große Töpfe sowie Wasser für ein Wasserbad

VORSICHTSMAßNAHMEN

Bei der Zubereitung des Spülkuchens sollten aufgrund der Staubentwicklung Handschuhe, eine Schutzbrille und ein Mundschutz getragen werden. Wer dennoch Staub des Tensids einatmet, merkt dies relativ schnell und sollte rasch das Fenster öffnen, um frische Luft hereinzulassen.

Zitronen-Spülkuchen – das hört sich auf jeden Fall schon mal lecker an, oder? Je nachdem, ob und welches ätherische Öl verwendet wird, riecht dieses Produkt wirklich wie Zitronenkuchen (aber natürlich ist es nicht essbar). Es ist vielseitig einsetzbar, auch zur Reinigung der Arbeitsfläche, gegen Flecken auf Polstern oder zum Fliesenwischen.

Beim Spülen oder Putzen kann es immer mal passieren, dass das Putzmittel mit der Haut in Kontakt tritt, daher sollte ein mildes anionisches Tensid verwendet werden. Ich empfehle SCI (Sodium Cocoyl Isethionate), wie es auch in Shampoos und Duschgelen enthalten ist. Es wird auf Basis von Kokosöl oder Palmöl hergestellt (mehr zu diesem Tensid siehe Seite 31). Das verwendete Tensid erleichtert die Ablösung von Schmutz. Auch das Zitronenöl dient als Schmutzlöser.

- Einiges Wasser für das Wasserbad im Wasserkocher aufkochen und in den größeren Topf geben.
- Den kleineren Topf in den größeren stellen. So entsteht ein Wasserbad.
- Tensid und die 40 ml Wasser in den kleinen Topf geben.
- Beides so lange verrühren und mit einem Löffel kneten, bis eine Masse entsteht, die einem Brotteig ähnlich ist. Das kann schon zehn Minuten dauern. Bei Bedarf 2 EL Wasser dazugeben.
- Dann den Topf aus dem Wasserbad herausnehmen und auf eine kühle Fläche stellen (nicht auf die warme Herdplatte).
- Natron und Zitronenöl zu dem Gemisch geben und gut unterrühren.
- Das Gemisch nun zügig mit einem Löffel in die Gläser füllen. Beim Einfüllen am besten mit dem Löffel nochmal nachdrücken. Mindestens zwei Stunden oder über Nacht trocknen lassen – und schon ist der Zitronen-Spülkuchen einsatzbereit. Wenn das Produkt eher wie ein Kuchen aussehen soll, kann das Gemisch auch in Silikonformen gefüllt und nach zwei Stunden wieder herausgelöst werden.

→ mehr als ein ort zum kochen

#machsnachhaltig

Zuckersüsser Spülschwamm

Dauer: 20 Minuten
(für Erfahrene)

4 m Jutekordel (2–3 mm dick)

1 Häkelnadel (4 mm)

Schere

Büroklammer oder Sicherheitsnadel

Warum es Sinn macht, einen Schwamm selbst zu häkeln? Ganz einfach: Er ist wirklich plastikfrei, lange Zeit nutzbar, waschbar und je nach Material ein echter Upcycling-Held! Denn er könnte sogar aus einem alten T-Shirt hergestellt werden. Ein schönes Geschenk kann er dazu auch noch sein. Auch wenn du keine Erfahrung im Häkeln hast, verspreche ich dir, dass du in nur zwei Stunden den ersten Spülschwamm fertig hast. Es ist ein wenig Übung erforderlich, aber insgesamt wirklich leicht. Die weiteren häkelst du dann in weniger als 30 Minuten. Es gibt im Internet viele gute Videos, die den Einstieg erleichtern, die findest du unter dem Stichwort „Kreis häkeln". Topflappen werden ähnlich gehäkelt und können auch als Vorlage dienen. Falls du keine Häkelnadel hast, lohnt es sich, erst einmal Freund*innen oder Familie zu fragen. Es ist manchmal überraschend, was sich alles in den Haushalten finden lässt. Zur Reinigung kann der Spülschwamm mit in die Waschmaschine oder mit kochendem Wasser übergossen werden.

1. Als Erstes häkelst du einen Ring aus sechs Luftmaschen. Die erste Masche am besten mit einer Büroklammer oder Sicherheitsnadel markieren, damit der Anfang immer wieder gefunden werden kann.
2. In der zweiten Runde werden in jede Masche zwei neue feste Maschen gehäkelt, also insgesamt zwölf Maschen. Die letzte Masche sollte eine Kettmasche sein – die wird in der markierten Masche platziert.
3. In der dritten Runde werden zwei feste Maschen in jede zweite Masche gehäkelt. Also in die erste zwei feste Maschen, in die zweite eine feste Masche, dann wieder zwei und so weiter.
4. In der vierten Runde jede dritte Masche verdoppeln.
5. In der fünften Runde jede vierte Masche verdoppeln.
6. Je nachdem, wie groß der Schwamm sein soll, dieses Prinzip fortführen.
7. Gut verknoten am Ende nicht vergessen!

Die Häkelnadel wird durch die nächste freie Masche gestochen.

Der Faden wird mit der Häkelnadel aufgenommen und durch die Masche gezogen.

Nun liegen zwei Schlaufen auf der Nadel. Der Faden wird wieder mit der Häkelnadel aufgenommen und durch beide Schlaufen gezogen.

UPCYCLING-IDEEN

Hast du noch Paketschnur da? Dann binde sie zusammen und verwende sie für den Schwamm. Du kannst dir sogar aus einem alten T-Shirt Häkelgarn selbst schneiden.
Eine andere Idee: Spüllappen kannst du aus alten Handtüchern herstellen, indem du sie in 15 x 15 cm große Stücke schneidest und einmal am Rand umnähst. Auch alte Shirts können zerschnitten werden und als waschbare Putzlappen oder auch als Taschentücher verwendet werden.

SCHEUERMITTEL AUS ZWEI ZUTATEN

Zubereitungszeit 1 Minute

Haltbarkeit: so lange, wie auf den Einzelverpackungen angegeben

1 EL Natron

1 TL Zitronensäure

1 luftdicht verschließbarer Behälter

ggf. 1 EL Stärke

Scheuermilch wird heute wahrscheinlich seltener gebraucht als früher – aus wenigen Zutaten kann man zu Hause selbst eine Alternative herstellen, wenn spontan Bedarf ist. Und das in nur einer Minute! So werden Plastikverpackungen gespart und das selbstgemachte Scheuerpulver ist mit weniger als zehn Cent Herstellkosten günstiger als kaufbare grüne Alternativen. Das Scheuerpulver kann eingesetzt werden, um Kalk- oder Fettablagerungen zu entfernen. Es kann vor allem für Töpfe genutzt werden, wenn doch mal etwas einbrennt, oder für starke Verkrustungen in Pfannen. Es kann auch mit dem selbstgemachten Schwamm (siehe Seite 56) angewendet werden: Einfach den Schwamm oder ein Tuch richtig feucht oder sogar nass machen, das Pulver auftragen und dann damit putzen. Es sollte eine richtig gute Paste sein. Der Schwamm bzw. das Tuch kann auch in das Pulver getunkt werden.

AUF VORRAT HERSTELLEN

Wer das Scheuerpulver auf Vorrat herstellen will, braucht zwingend ein luftdicht verschließbares Gefäß. Sonst können die Inhaltsstoffe aus der Luft Feuchtigkeit ziehen und sind dann nicht mehr gut einsetzbar und können sogar klumpig werden. Generell sollten Natron, Zitronensäure und Soda immer möglichst luftdicht verschlossen werden.

TIPP UND WARNHINWEISE

Wenn die Verschmutzungen sich mit der angegebenen Zusammensetzung nicht lösen lassen, kann auch noch Salz oder Kaffeesatz dazugegeben werden. Nur Achtung: Salz kann Oberflächen schnell verkratzen.
Das Scheuerpulver bitte nie bei Teflonpfannen verwenden. Dort kann die Beschichtung zerstört werden.
Wenn du die Zutaten in einer offenen Schüssel vermischst, solltest du einen Mundschutz tragen, um das Pulver nicht einzuatmen.

- Alle Zutaten in eine Schüssel (Mundschutz tragen!) oder direkt in das Aufbewahrungsgefäß geben und kräftig schütteln bzw. mischen. Schon ist das Scheuerpulver einsatzbereit.
- Wird das Pulver in dem Gefäß gelagert, kann zur Sicherheit noch 1 EL Stärke dazugegeben werden. Die verhindert, dass Natron und Zitronensäure zusammenklumpen.

BACKOFENSPRAY

Zubereitungszeit 10 Minuten

Haltbarkeit 1 Monat

100 ml Wasser

20 ml Spüli (Rezept für selbstgemachten siehe Seite 52)

50 g Natron

1 Schüssel

1 Sprühflasche mit 150 ml Fassungsvermögen

BACKOFEN-LIFEHACK

Bei neuen Backofenmodellen lässt sich die Tür ganz einfach herausnehmen, indem die Scharniere an den Seiten gelöst werden. So kommt man leichter an das Backofeninnere heran. Wie genau die Scharniere gelöst werden, steht in der Gebrauchsanweisung.

Manche Backöfen haben auch eine Reinigungsfunktion. Es lohnt sich also wirklich, kurz mal in die Gebrauchsanweisung zu schauen.

Der beste Tipp, um den Backofen sauber zu halten, ist tatsächlich, ihn immer direkt nach der Nutzung mit einem feuchten Lappen kurz auszuwischen. Fett, das auf den Backofenboden getropft ist, sollte direkt entfernt werden. Denn meist sind es diese fettigen Verschmutzungen, die schwer lösbar sind, wenn sie sich erst eingebrannt haben. Damit die Reinigung leichter geht, sollte das Putzmittel, egal welches genutzt wird, auf jeden Fall 30 Minuten oder länger einwirken. Wenn es großzügig aufgetragen wird, auch gern ein paar Stunden. Backofenspray lässt sich leicht selbst herstellen. Die Vorteile am Selbermachen sind hier, wie bei fast allen Rezepten, dass das Produkt günstiger ist als ein gekauftes, dass man genau weiß, was drin ist, und dass weniger Verpackungsmüll anfällt (gekaufte Spraydosen mit Backofenreiniger sollten übrigens nur in der gelben Tonne bzw. im gelben Sack entsorgt werden, wenn sie komplett leer sind und der Grüne Punkt aufgedruckt ist, sonst über den Sondermüll)[23]. Zur Reinigung wird der Backofeninnenraum großzügig mit dem Produkt eingesprüht. Anschließend stellt man den Ofen auf 50 °C und lässt ihn für 20 Minuten laufen. Wer den Backofen nicht anschalten will, sollte das Gemisch für mindestens 60 Minuten einwirken lassen. Danach wird mit einem Lappen gründlich ausgewischt.

Das Gemisch kann auch auf ein Backblech gegeben werden, welches dann für 30 Minuten bei 50 °C im Ofen gelassen wird. So wird es direkt mitgereinigt.

- Die drei Zutaten in einer Schüssel so lange miteinander vermischen, bis sich das Natron aufgelöst hat.
- In die Sprühflasche abfüllen. Auf Vorrat kann das Spray ebenfalls hergestellt werden: Dann das Wasser vorher einmal abkochen.

DIE WOHL-FÜHL-OASE

Duschen, Zähne putzen, abtrocknen, sich frisch und wach fühlen, in den Tag starten, entspannen, allein sein – oder was verbindest du mit deinem Badezimmer? An Putzen denke ich eigentlich erst immer, wenn in der Badewanne wieder ein Seifenrand zu sehen oder der Wasserhahn voller Wasserflecken ist. Und das ist immer ziemlich schnell der Fall, denn dieser Ort der Ruhe und Entspannung muss leider relativ oft geputzt werden. Mit ein paar einfach Tipps und Tricks kannst du aber wertvolle Zeit sparen.

GRUNDREGELN FÜR DAS BAD

Das Badezimmer ist meist der kleinste Ort im Haus und dennoch der, der am meisten Pflege braucht. Damit es eine Wohlfühlraum bleibt und nicht zwei Stunden wöchentlich geschrubbt werden muss, gibt es ein paar Tipps, die im Alltag berücksichtigt werden können.

- Für ein trockenes Raumklima sorgen. Wenn es ein Fenster gibt, immer nach dem Duschen lüften. Auch ohne tägliches Duschen zwei bis dreimal täglich für zehn Minuten lüften. So hat Schimmel weniger Chancen, sich abzulagern. Gibt es kein Fenster im Bad, dann einfach das Fenster des Raumes nutzen, der dem Bad am nächsten liegt, und die Verbindungstür offen lassen.
- Handtücher und Bademattezum Trocknen aufhängen. Feuchte Handtücher können auch ein Grund für Schimmelbildung sein; zudem vermehren sich Bakterien dort schneller als auf trockenen Textilien.
- Feuchte Flächen nach der Nutzung abtrocknen. Das ist eigentlich mein ungeliebter Klassiker. Der große Vorteil ist, dass sich so weniger Kalkflecken bilden und die Flächen länger sauber bleiben und weniger geschrubbt werden müssen. Wasserhähne mit einem Tuch, große Flächen mit einem Abzieher abtrocknen.
- Keine Essensreste oder anderen Müll über die Toilette entsorgen. Dort hinein gehören nur zwei Dinge, für alles andere gibt es Mülleimer. Denn Müll kann die Toilette verstopfen; das Öl bei verarbeiteten Speisen kann sich in der Schüssel ablagern und so das Putzen erschweren. Feuchttücher oder feuchtes Toilettenpapier, Abschminkpads, abgelaufene Arzneimittel, Wattestäbchen, Zigarettenstummel, Zahnseide, Katzenstreu: All das gehört nicht in die Toilette. Denn auch wenn diese Dinge vielleicht nicht die Rohre im eigenen Haus verstopfen: Den Kanal könnten sie durchaus verstopfen. Und sie müssen unter hohem Aufwand in Kläranlagen herausgefiltert werden. Das bedeutet wieder mehr Abwasserkosten. Wir haben zu Hause keinen Badezimmermülleimer mehr, aber nicht, weil wir alles in die Toilette werfen, sondern eben weil fast kein Müll mehr im Badezimmer anfällt. Zahnseide oder leere Klopapierrollen können auch mal eben in die Küche getragen werden.

- Seifenreste im Waschbecken oder in der Dusche nach der Nutzung wegspülen. Sonst lagern sie sich zu stark in Rillen oder auch in der Duschwanne ab und können nach einer gewissen Zeit sogar einen leicht braunen Rand bilden – der nur unter höherem Aufwand entfernt werden kann.

Alleine für Badreiniger wurden in 2018 in Deutschland fast 80 Millionen Euro ausgegeben.[24] Und wusstest du: Durch nachhaltigeres Leben, kannst du im Bad mehrere hundert Euro pro Jahr weniger ausgeben!

WELCHE REINIGUNGSMITTEL BRAUCHE ICH WIRKLICH?

Kalk, Seifenreste, Urinstein: Das Bad hält ganz besondere Herausforderungen bereit. Gehen wir's systematisch an: Welche Oberflächen gibt es im Bad? Welche Arten von Schmutz? Und womit kommt man dagegen an?

Oberflächen im Badezimmer

Für **Glasoberflächen** wie den Spiegel oder die Trennwand der Dusche braucht es selten Reinigungsmittel. Je nach Duschtemperatur ist der Spiegel oft beschlagen, vor allem im Winter. Der kann einfach kurz mit einem Tuch trockengewischt werden, so braucht es keinen extra Spiegelreiniger. Wer dennoch einen Spiegelreiniger verwenden will, muss darauf achten, dass dieser nicht an die Ränder des Spiegels gelangt. Denn sonst könnte die Silberschicht angegriffen werden. Wird die Trennwand der Dusche wirklich immer nach der Nutzung einmal abgespült und abgezogen oder anders getrocknet, dann bleibt auch die gut sauber.

Duschwannen und **Waschbecken** sind meist aus Keramik. Keramik ist weniger anfällig als Kunststoff und kann sehr gut mit Zitronensäure oder Essig gereinigt werden. Gerade die Duschwanne lässt sich gut mit Haushaltsessig putzen. Wenn die Verschmutzungen mal sehr stark sind, lohnt es sich, Tücher in Essigwasser, also Essig gemischt mit Wasser im Verhältnis 2 : 1, zu tränken und in der Wanne auszubreiten. Dann einfach für ein paar Stunden liegen lassen und anschließend die Wanne auswischen.

Armaturen aus Edelstahl lassen sich gut mit einem Baumwolltuch reinigen. Auch hier gilt der Trick mit dem Einwirken. Wenn sie sehr verkalkt sind, wird für ein paar Stunden ein in Essig und Wasser getränktes Tuch herumgewickelt. Danach kann der Kalk gut weggewischt werden.

Holzregale oder andere Oberflächen sollten bestenfalls sofort getrocknet werden, sobald sie mit Wasser in Kontakt gekommen sind. So entstehen keine Flecken.

Fugen können gut mit Natron oder Zitronensäure gereinigt werden.

Ränder und Rillen sind überall im Bad. An schwer erreichbaren oder kaum einsehbaren Stellen kann sich ganz schnell Schmutz sammeln. Deshalb heißt es: genau hinsehen und auch mal unter die Armaturen schauen. Am Waschbecken sammelt sich gern Schmutz in den Rillen rund um den Abflussstöpsel und auch unten drunter oder zwischen Wand und Waschbecken.

Die **Toilette** wird manchmal bis zu 20 Minuten

am Stück benutzt, manchmal sogar als Leseecke oder Handyspielplatz. Das heißt, sie muss echt viel aushalten. Deshalb sollte sie vor allem von innen gründlich gereinigt werden. Also auch unter dem Rand und im Becken. Denn dort sammeln sich schnell Kalkablagerungen und Bakterien. Auch Schimmel kann unter dem Rand unentdeckt wachsen. Wenn die Toilette geputzt wird, sollte die WC-Bürste direkt mitgereinigt werden. Die wird schließlich je nachdem auch mehrfach täglich genutzt.

Auf Seite 106 findest du ein Rezept für einen Allzweckreiniger, den du auch im Bad gut nutzen kannst, aus ähnlichen Inhaltsstoffen wie bei einem kaufbaren Produkt. Hier gilt wie bei allen Putzmitteln: Bestenfalls an einer wenig sichtbaren Stelle testen und nur dann weiternutzen, wenn es gut funktioniert und keine Schäden an der Oberfläche entstehen.

Was Oberflächen zerstören kann

Generell gilt auch im Bad, dass Oberflächen wie **Holz und Naturstein** eine besondere Behandlung brauchen. Hier sollten, wie auch in der Küche, keine groben Schwämme genutzt werden. Vor allem Naturstein sollte nicht mit Säuren gereinigt werden, da diese stark kalklösend wirken und Naturstein oft ein Kalkstein ist. Marmor ist zum Beispiel ein Kalkstein.
Es gibt immer mehr Kosmetikprodukte, die im **Glas** verkauft und nicht mehr in Plastik verpackt werden. Das ist auf der eine Seite super, da so weniger Plastikmüll anfällt. Je nachdem ist es für das Bad dann aber doch eher unpraktisch: Wenn eine Glasflasche auf ein Waschbecken fällt oder in die Duschwanne, entsteht leicht ein Riss oder es splittert etwas von der **Keramik** ab. Deshalb unbedingt darauf achten, wo die Sachen gelagert werden.
Essig halten viele Menschen für die Reinigung für ungeeignet, da der Säuregehalt sehr hoch ist und **Fugen oder Gummidichtungen** angreifen und porös machen könnte. Bei Essigessenz ist er sogar noch höher als beispielsweise bei Tafelessig. Deshalb sollte Essig nur verdünnt genutzt werden. Ich mische immer im Verhältnis 2 : 1, also zwei Teile Wasser und ein Teil Essig. Spannend ist an der Stelle, dass kaufbarer Essigreiniger Zitronensäure und auch Essigsäure enthält, die mit einem Tensid und Wasser zusammengemischt sind – Haushaltsessig enthält ungefähr zu fünf Prozent Essigsäure.[25]

Arten von Schmutz im Bad

- **Schimmel** will niemand gern im Badezimmer haben. Er entsteht oft ungesehen in kleinen Zwischenräumen oder Fugen und ist schwer zu entfernen. Vor allem in Silikonfugen kann sich Schimmel gut einnisten. Er kann tief eindringen und sich wirklich festsetzten. Wenn die Fugen schon richtig schwarz sind, hilft nur Neumachen. Ist Schimmel nur oberflächlich, kann er mit Alkohol entfernt werden. Das Badezimmerfenster, vor allem wenn es aus Holz ist, ist auch sehr anfällig dafür. Es sollte regelmäßig kontrolliert und getrocknet werden. Denn wenn die warme Badezimmerluft im Winter auf das kalte Fenster trifft, kondensiert sie und setzt sich auf der Scheibe ab. So kann sich am unteren Fensterteil schnell Schimmel bilden.

- **Kalk** ist der Grund, warum wir oft lange Schrubben müssen. Denn er kann sich in mehreren Schichten ablagern und muss dann wieder Schicht für Schicht entfernt werden. Deshalb sollte er möglichst vermieden werden, indem Oberflächen abgetrocknet werden. Noch aufwendiger wird die Reinigung, wenn sich zum Kalk noch Ablagerungen von Shampoos und Seifen gesellen.
Manche Dinge sind selten direkt in unserem Blickfeld, wie die Aufsätze an Wasserhähnen. Spätestens wenn das Wasser hier nicht mehr richtig herausfließt, sollte das Sieb am Auslauf entkalkt werden. Abgedreht werden kann es mit einer Zange. Verkalkte Duschköpfe können in der Spülmaschine oder mit Wasser und Zitronensäure gereinigt werden.

Wasserflecken und Fingerabdrücke befinden sich nicht nur am Wasserhahn am Waschbecken, der ja dauernd angefasst wird. Wenn dir wichtig ist, dass die Armaturen glänzen, dann macht es Sinn, sie wirklich nach jeder Nutzung kurz mit dem Handtuch abzutrocknen. Dauert nur drei Sekunden, und die Hände trocknen wir doch sowieso ab. Sinn macht das auch deswegen, weil aus Wasserflecken schnell Kalkablagerungen werden können.

Welcher Schmutz wie entfernt werden kann

Neben einer Säure zum Lösen von Kalk und Urinstein braucht man fürs Bad auch eine Lauge zum Lösen von Organischem wie Haaren. Beides sollte je nachdem, wo es genutzt wird, miteinander gemischt werden, denn manchmal, beispielsweise in den Abflüssen, ist beides zu finden: Haare *und* Kalk.

Hartnäckiger Urinstein kann tatsächlich nur entfernt werden, wenn eine Mischung aus Natron/Soda und Essig-/Zitronensäure über Nacht einwirkt.

Für den Part der mechanischen Reinigung reichen (von der Klobürste abgesehen) zwei Lappen und eine alte Zahnbürste: Mit der Zahnbürste können Rillen und Ränder gut erreicht werden. Die Lappen werden für den Spiegel, für Oberflächen und auch für den Boden genutzt. Speziell für die Toilette kann man sich einen eigenen Lappen zulegen oder Toilettenpapier für die Reinigung nutzen anstatt eines Lappens.

> Wusstest du, dass für Toilettenpapier wirklich Bäume gefällt werden? Nutzt du Recycling-Papier, trägst du dazu bei, dass weniger Bäume gefällt werden, und sparst Ressourcen ein.

Oft vergessen und dennoch wichtig

Je nach Verschmutzung und Nutzung ist das Badezimmer oft genau der Raum, der stundenlang geschrubbt werden muss. Vor allem, weil es so viele unterschiedliche Flächen gibt, das Bad oft von mehreren Personen genutzt wird und eigentlich für alles im Bad Wasser gebraucht wird. „Endgegner" gibt es also auch hier:

- Der **Abflussstöpsel** oder auch Waschbeckenstöpsel versteckt oft eine Menge Schmutz. Auch er sollte wenigstens einmal im Monat gereinigt werden. Auf jeden Fall, sobald es aus dem Waschbecken riecht oder das Wasser nicht mehr richtig abfließt. Der dunkle Schlamm und die Haare, die sich darin verfangen haben, können mit Toilettenpapier entfernt und in den Mülleimer geworfen werden. Auch ein Zahnbürstengriff mit kleinen Einkerbungen, die man mit einem Messer macht, eignet sich hier zusammen mit etwas Seife gut zum Putzen. Mit der Zahnbürste kann dann auch noch kurz der Abfluss gereinigt werden, bevor der Stöpsel wieder an seinen Platz kommt.

- **Fugen**, vor allem in der Dusche, werden gern mal gelb oder bräunlich. Sie werden selten abgetrocknet, dadurch lagert sich dort oft ein Gemisch aus Kalk und Seifenresten ab. Da hilft es wirklich super gut, einfach eine alte Zahnbürste mit Natron für die Reinigung zu verwenden. Da muss gar nichts neu gekauft werden. Denn die Borsten sind schon so fein, dass sie gut in die Rillen kommen. Muss eine große Fläche Fugen gereinigt werden, könnte ein Akkuschrauber mit einem Bürstenaufsatz genutzt werden.

- **Schmutzränder in der Badewanne** können ebenfalls dadurch entstehen, dass sich Seife und oder Kalk ablagert. Oft sind sie nur durch anstrengendes Schrubben zu entfernen. Und da dieses Buch dazu dienen soll, dass du nicht ewig schrubbst, gibt es auch hier zwei Tipps.

TIPP 1
Natronpaste. Dazu werden 2 EL Natron mit 1 EL Wasser vermischt.

TIPP 2
Tücher in ein Essig-Wasser-Gemisch (Mischungsverhältnis 1 : 1) tränken und auf die Stellen legen. Nach ca. drei Minuten oder etwas mehr sollte sich der Rand durch leichtes Reiben entfernen lassen. Im Zweifel kann auch beides genutzt werden, denn so werden Kalk und Fett gelöst.

- **Verstopfte Rohre** sind vor allem im Bad leider oft Alltag. Bei mir war es meistens der Abfluss in der Duschwanne, bis wir ein Abflusssieb auf den Ausguss legten. Die werden auch Haarfänger genannt. Es sind einfach kleine Siebe, die größere Dinge wie eben Haare gut auffangen, sodass die erst gar nicht im Abfluss landen. Die Haare können dann einfach im Mülleimer entsorgt werden. Bei wirklich stark verstopften Rohren hilft nur der Pömpel. Wenn der nicht hilft, dann macht es sehr viel Sinn, sich Hilfe zu holen. Installateur*innen kennen sich damit einfach am besten aus und sorgen für freie Rohre, ohne dass die Anlagen kaputt gehen. Ist nur der Siphon verstopft, also das Rohr direkt am Abflussloch, genügt eine Anwendung von Natron und Essig. Der Siphon am Waschbecken kann auch relativ einfach abgeschraubt und gereinigt werden. Wenn sich regelmäßig viele Haare dort sammeln, können die mit einem kleinen Abflussreinigerstab aus dem Baumarkt oder auch der Zahnbürste oder Pinzette entfernt werden. Ich empfehle wirklich, einfach ein Abflusssieb zu nutzen, denn wenn sich über Wochen Haare dort sammeln, kann das schon eklig werden beim Herausholen.

- Es gibt zwei kleine Bereiche im Bad, die beim Putzen gern übersehen werden: **Unter dem Waschbecken** sammelt sich schon mal Schmutz, der beim Händewaschen am Rand herunterläuft. Und die Toilette sollte auch von außen gesäubert werden, wie auch die **Fliesen hinter der Toilette**. Auch hier können sich Urinspritzer ablagern, wodurch dann Gerüche entstehen. Manchmal sammelt sich auch Schmutz zwischen den Bodenfliesen und der Toilette, wenn die Toilette nicht über dem Boden schwebt. Wenn dort lange nicht geputzt wird, kann sich ein übler Geruch entwickeln.

TOILETTENREINIGER – DER SCHNELLE FÜR DEN RAND

Zubereitungszeit 10 Minuten

Haltbarkeit 1 Monat

100 ml Wasser

3 EL Zitronensäure

1 EL Stärke (Kartoffel- oder Maisstärke)

1 Topf

1 alte WC-Gel-Flasche

Trichter

GEGEN HARTNÄCKIGE VERSCHMUTZUNGEN

Essig- oder Zitronensäure und Natron können auch in der Schüssel verteilt werden. Damit beides gut einwirkt, ist es auch möglich, zuerst das Natron mit einem Löffel zu verteilen und danach in Essig getränkte Toilettenpapierstücke daraufzulegen. So bleibt es auf jeden Fall an Ort und Stelle.

Die Toilettenschüssel ist eine besondere Herausforderung, da sich vor allem unter dem Rand viel Schmutz sammeln kann und der schwer erreichbar ist. Daher greifen wir oft zu Toilettengel. Denn damit das Putzmittel einwirken kann, sollte es eine Zeitlang an der Stelle bleiben. Sehr flüssige Putzmittel laufen in der Schüssel leider direkt herunter und können so nicht einwirken. Eine Mischung nur mit Wasser ist also ungeeignet. Doch sogar Toilettengel kann man aus wenigen Zutaten selbst herstellen! Wichtig ist nur, dass eine leere Toilettengel-Flasche vorhanden ist, um das Gemisch abzufüllen und anschließend an die richtigen Stellen zu bringen. Die Stärke macht das Gemisch aus Wasser und Zitronensäure dickflüssiger und gelartig. Für die Reinigung wird es unter den Rand der Toilette gegeben und sollte dort mehr als 20 Minuten einwirken. Wenn die Reinigungswirkung nicht stark genug ist, können noch 2 TL Spülmittel dazugegeben werden. Der Reiniger eignet sich auch als Füllung für Toiletteneinhänger.

- Die Stärke und das kalte Wasser in einen Topf geben.
- Das Gemisch kurz aufkochen und dann sofort vom Herd nehmen.
- Die Flüssigkeit abkühlen lassen und prüfen, ob sie wirklich dickflüssig genug ist. Wenn nicht, wird ein weiterer Teelöffel Stärke beigemischt. Ist die Konsistenz zu dickflüssig, 50 ml Wasser dazugeben.
- Dann die Zitronensäure einrühren.
- Das Gemisch mit einem Trichter in die Plastikflasche füllen.

toilettenreiniger – der schnelle für den rand

WC-TABS

Zubereitungszeit 20 Minuten

Haltbarkeit: gut verschlossen mehrere Monate

100 g Soda

30 g Zitronensäure

1 weite Schüssel

10 Silikon-Muffinförmchen oder mehrere Eiswürfelformen oder Eislöffel

1 Sprühflasche mit Wasser

1 fest verschließbarer Behälter

Wenn keine Waage zur Hand ist

... dann einfach 3 EL Zitronensäure und 10 EL Soda nutzen. Die Esslöffel sollten glattgestrichen sein. Ein glattgestrichener Esslöffel entspricht ungefähr 10 g.

WC-Tabs werden abends in die Toilette geworfen und wirken über Nacht ein. Am nächsten Morgen wird die Schüssel dann mit der WC-Bürste gereinigt. Durch das lange Einwirken über Nacht lösen sich Verschmutzungen besser. WC-Tabs machen uns das Putzen also wirklich leichter.

Leider sind Fertigprodukte meist einzeln in Plastik verpackt und haben dann nochmal eine Umverpackung, also relativ viel Müll. Oft sind auch noch Duftstoffe enthalten, die an der Stelle eigentlich überflüssig sind. Deshalb kann es Sinn machen, die Tabs selbst herzustellen. Im Rezept wird Soda anstatt Natron verwendet, da es einfach stärker wirkt. Natron kann aber ebenfalls genutzt werden. Zur Anwendung wird eine Kugel in die Toilettenschüssel gegeben, die ein paar Stunden einwirken sollte. Wer keine Kugeln formen will, kann auch einfach 1 EL Zitronensäure und 2 EL Soda direkt in die Toilettenschüssel geben und über Nacht einwirken lassen.

Achtung: Bei der Herstellung am besten Handschuhe, Schutzbrille und Mundschutz tragen!

- Soda und Zitronensäure in einer Schüssel verteilen. Am besten eignet sich eine große Schüssel, damit beides relativ flach verteilt werden kann.
- Mit der Sprühflasche wird das Gemischt leicht mit Wasser eingesprüht. Zwei Sprühstöße reichen erst einmal. Wenn zu viel Wasser an die Mischung kommt, fangen die beiden Stoffe an, zu reagieren, und brutzeln drauflos. Das soll aber erst später in der Toilette passieren, denn dort soll die Reinigung stattfinden.
- Alles gut verrühren und immer wieder ein- oder zweimal besprühen, bis die Masse leicht feucht und formbar wird. 1–2 EL Wasser sollten da insgesamt schon reichen.
- Dann die Masse in die Förmchen geben oder mit einem Eislöffel formen. Sehr fest andrücken.
- Trocknen lassen; es reichen schon zwei Stunden. Dann in einen verschließbaren Behälter geben, denn die Kugeln können Wasser aus der Luft ziehen und so ungewollt anfangen, zu reagieren.

#machsnachhaltig

Upcycling

Reinigungstücher

Zubereitungszeit 10 Minuten
Haltbarkeit 2 Wochen

1 Stück alter Stoff
100 ml Wasser
10 g Seife
1 Plastikdose oder verschließbares Glas

Ich kannte sie lange nicht und war überrascht, als ich diese Tücher das erste Mal im Auto-Fachhandel sah: Wegwerf-Reinigungstücher für das Cockpit. Irgendwann sind mir die Tücher dann auch in der Drogerie aufgefallen. Da gab es Allzweck-Reinigungstücher, und seitdem ich Mutter bin, weiß ich auch, dass manche Baby-Feuchttücher zum Putzen nutzen, weil sie einfach super praktisch sind. Die Allzweck-Reinigungstücher aus der Drogerie enthalten drei Inhaltsstoffe: anionische Tenside (sie verbessern die Reinigungswirkung), Duftstoffe und Konservierungsmittel. Also wirklich wenige Inhaltsstoffe. Tatsächlich ähneln diese Tücher sehr dem Spülkuchen von Seite 54.
Oft sind die Tücher selbst aus Polyester und auch die Verpackung noch aus Plastik – die hier vorgestellte Alternative ist genauso praktisch und verursacht weniger Müll! Diese alternativen Reinigungstücher lassen sich leicht herstellen – sie sind ein kleines Upcycling-Wunder, denn Stoffe, T-Shirts oder Lappen, die vielleicht sonst weggeworfen worden wären, haben so ein neues Leben.

1. Ein altes Shirt aus Baumwolle, ein Hemd, eine Bluse oder einfach ein Stück Stoff in 10 x 10 cm oder 12 x 12 cm große Stücke zerschneiden. Falls du eine Nähmaschine hast, kannst du die Ränder umnähen, so fransen sie nicht so schnell aus. Es geht aber auch ohne Umnähen.
2. Die Seife mit einer Reibe oder einem Messer in kleine Stücke schneiden. Wenn du keine grammgenaue Waage hast, dann einfach 1 EL Seifenflocken nehmen oder nach Augenmaß zerteilen: Viele Seifenstücke wiegen 80 oder 100 g. Es wird also 1/8 oder 1/10 von einem Stück benötigt. Ganz genau muss es bei diesem Rezept nicht sein.
3. Das Wasser mit den Seifenflocken zusammen unter Rühren aufkochen.
4. Währenddessen die Tücher locker zusammenrollen und aufrecht in das Glas stellen.
5. Dann das Seifenwasser darübergießen.
6. Das Glas verschließen – und schon sind die Tücher einsatzbereit.

ALLES MIX 40 ODER DOCH TRENNEN?

Pro Jahr geben die Deutschen über zwei Milliarden Euro für Waschmittel aus, und für beinahe jedes Material und jede Farbe gibt's dazu ein eigenes. Ich hatte den Unterschied zwischen Color- und Vollwaschmittel nie so richtig verstanden, bis ich anfing, mir die Inhaltsstoffe anzuschauen. Brauchen wir überhaupt so viele verschiedene Waschmittel? Es kann auch anders gehen! Ich zeige dir hier auch, wie du deine Wäsche mit ganz natürlichen Mitteln sauber bekommst.

GRUNDREGELN FÜR DAS WÄSCHEWASCHEN

Es ist tatsächlich möglich, Wäsche kaputtzuwaschen, deshalb gibt es ein paar Dinge, die wirklich beachtet werden sollten. Denn Nachhaltigkeit beim Waschen bedeutet auch, dass so gewaschen wird, dass Kleidung möglichst lange tragbar bleibt. So muss weniger neu gekauft werden. Früher lautete die Devise: „Alles Bunt 40 oder 60". Heute weiß ich, dass bei der richtigen Auswahl und Dosierung des Waschmittels 30 °C ausreichen. Da heißt es also tatsächlich eher: „Alles auf Bunt 30". Das Einzige, was bei uns getrennt gewaschen wird, ist weiße Kleidung.

- Wäsche nach Farben sortieren. Am besten in drei Farben: Weiß, Bunt, Dunkel. Ganz dunkle Stücke wie schwarze Hosen oder tiefrote Shirts können abfärben, daher ist es tatsächlich besser, dunkle Wäsche separat zu waschen. Wir wollen ja nicht, dass ein weißes Shirt rosa wird, wenn es zusammen mit einem roten Shirt gewaschen wurde. Nach mehreren Waschgängen färbt die Wäsche kaum noch oder gar nicht mehr ab. Dennoch gilt: Weißes immer getrennt waschen. Denn man weiß ja nie.
- Wäsche nach Material sortieren. Feuchte Handtücher können auch ein Grund für Schimmelbildung sein, und Bakterien vermehren sich auf ihnen schneller, daher sollten sie heißer gewaschen werden als beispielsweise Seidenblusen. Die nämlich brauchen eher eine Feinwäsche. Und Wolle kann meist nur kalt gewaschen werden. Rutscht ein Wollpulli aus Versehen zu der anderen Wäsche in die Maschine, kann es sein, dass er einläuft und nicht mehr tragbar ist.
- Kochwäsche ist selten nötig. Bei manchen Dingen haben wir das Gefühl, dass sie nur hygienisch rein werden, wenn sie über 90 °C gewaschen werden. Doch Waschmittel sind eigentlich so ausgelegt, dass sie auch bei niedrigen Temperaturen wirken, teilweise schon ab 20 °C.
- Den Pflegehinweise-Zettel beachten, der an den meisten Stoffprodukten angebracht ist. Auf dem steht, wie der Stoff am besten behandelt wird. Und das sollte auf jeden Fall beachtet werden, denn so sollte das beste Waschergebnis erzielt werden.

Pflegehinweise kurz erklärt

Symbol	Gibt an, …
	… bis wie viel Grad ein Kleidungsstück gewaschen werden kann oder ob es sogar gar nicht gewaschen werden darf oder per Hand gereinigt werden muss.
	… ob das Stück gebleicht werden darf oder nicht.
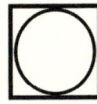	… wie das Textil getrocknet werden kann, ob es also in den Trockner darf oder nicht dafür geeignet ist.
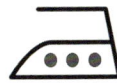	… wie und ob der Stoff gebügelt werden sollte.
	… ob und wie das Textil chemisch gereinigt werden kann.

- Schon beim Kauf auf das Material achten. Um es uns mit der Wäsche leichter zu machen, achten wir seit Jahren beim Einkauf von Kleidung und anderen Dingen darauf, aus welchem Material sie sind. Kleidung aus Wolle oder mit einem sehr hohen Polyesteranteil kaufen wir nicht mehr; eher Baumwolle, Leinen und natürlich Jeansstoff. Vorher hatten wir drei Waschmittel: Vollwaschmittel für weiße Wäsche, Colorwaschmittel für bunte Wäsche und Wollwaschmittel für Wolle. Einfach auch, weil wir viel Kleidung aus unterschiedlichen Materialien hatten. Heute habe ich nur noch ein einziges Kleid aus Wolle. So muss weniger sortiert werden, weniger Waschmittel gekauft werden, und auch die Wahl der Waschtemperatur ist nicht mehr so wichtig. Ein Blick in die Betriebsanleitung der eigenen Waschmaschine ist an der Stelle empfehlenswert. Vor allem, wenn Kleidung aus Seide oder feine Hemden getragen werden. Denn jede Maschine ist anders und hat andere Programme. In der Anleitung wird genau angegeben, was wie gewaschen werden sollte. Wenn die Betriebsanleitung nicht mehr vorhanden und auch im Internet nicht zu finden ist, kann sie meist noch beim Hersteller angefragt werden.

WELCHE WASCHMITTEL BRAUCHE ICH WIRKLICH?

Für Buntes, Schwarzes, Weißes, Kapseln, Pulver, Flüssiges, Öko, Bio, für 1,20 €, für 8,99 €, Baukastensysteme ... Es ist gar nicht so leicht, im Wald der Waschmittelpackungen, -flaschen und -tuben den Überblick zu behalten. Aber was ist jeweils drin? Was brauche ich bzw. braucht meine Wäsche? Und wovon lasse ich besser die Finger, weil es mir oder der Umwelt schadet?

Was ist drin im Waschmittel?

Herstellung und Verkauf von Wasch- und Reinigungsmitteln sind durch eine EU-Verordnung sowie das Wasch- und Reinigungsmittelgesetz klar geregelt. Auch die erlaubten Inhaltsstoffe sind darin festgeschrieben sowie inwieweit biologisch abbaubar sie sein müssen. Alle verwendeten Substanzen müssen deklariert werden. Das gibt uns Verbrauchern Sicherheit. Genaues Hinschauen und ein Recherchieren im Internet lohnen sich, denn manche der typischen Inhaltsstoffe schaden der Umwelt.

Neben **Tensiden**, die den Schmutz ablösen, sind oft auch **Bleichmittel** und **Wasserenthärter** enthalten.

Manchmal zudem **Enzyme**, wie beispielsweise Proteasen und Lipasen. Enzyme spalten Eiweiße, Fett und anderes und machen sie so auswaschbar.[26] Erinnern wir uns an die vier Komponenten, aus denen eine gute Reinigung resultiert (siehe Seite 17): Je besser das Waschmittel, umso weniger Temperatur und Waschdauer sind nötig. Das heißt, Enzyme haben den großen Vorteil, dass die Reinigungswirkung schon bei niedrigen Temperaturen gegeben ist, Wäsche also auch schon bei 20 oder 30 °C sauber wird und so Energie gespart werden kann, die das Erhitzen des Wassers kosten würde.

Dann enthalten Waschmittel meist auch noch **Duftstoffe**. Manche dieser Stoffe sind schwer ab-

> ### SO FINDEST DU DIE INFOS
> Möchtest du sehen, welche Stoffe in einem Waschmittel oder einem anderen Produkt enthalten sind? Dann suche im Internet nach „Sicherheitsdatenblatt" sowie dem Namen des Produkts. Im Datenblatt ist sogar angegeben, wie viel von jedem Inhaltsstoff verwendet wurde und ob er gefährlich für die Umwelt oder die Gesundheit ist.

welche waschmittel brauche ich wirklich? ← 83

baubar oder können Allergien auslösen.[27] Für die Reinigungsleistung sind sie nicht nötig.

Manchmal werden noch **Korrosionsschutzmittel** genutzt, um die Trommel vor Verrostung zu schützen,[28] sowie **Konservierungsstoffe**, um das Waschmittel haltbar zu machen, und in seltenen Fällen auch noch **Farbstoffe**, die allerdings nur das Waschmittel färben und schöner aussehen lassen sollen und keine Wirkung auf die Waschleistung haben – sie sind also eigentlich überflüssig.

Einige Waschmittel enthalten zudem noch immer **synthetische Polymere**. Das sind Kunststoffe (ähnlich Mikroplastik), die sich im Wasser auflösen und somit in unseren Wasserkreislauf gelangen können.

Also: Es ist wirklich eine ganze Menge, was so in einem Waschmittel enthalten ist. Und je nach Produkt kann es sogar noch mehr sein. Der Nachteil bei Waschmittel ist, dass alle diese Inhaltsstoffe in unser Wasser gelangen – und nicht alle davon werden in den Kläranlagen herausgefiltert (siehe dazu Seite 96–97).

Welche Inhaltsstoffe braucht ein Waschmittel wirklich?

Bei der hohen Anzahl der Inhaltsstoffe in kaufbaren Produkten liegt es nahe, dass man Waschmittel mal selbst machen will. Denn nur so können wir selbst entscheiden, was drin sein soll. Aus Efeu, Kastanien oder Seife lässt sich zum Beispiel ganz leicht ein wunderbares Mittel herstellen. Selbstgemachtes Waschmittel hat jedoch auch seine Grenzen. Schließlich wurde die Zusammensetzung von industriell hergestelltem Waschmittel auch über die Jahre stark optimiert – vor allem mit Blick auf die gängigen Waschmaschinen, die verwendete Temperatur und das Schleudern und

mit dem Ziel, selbst bei niedrigen Temperaturen und groben Verschmutzungen ein gutes Ergebnis zu erzielen.

Efeu, Kastanien und Birkenblätter enthalten Saponine, sogenannte waschaktive Substanzen. Diese wirken wie Tenside.[29] Nach meiner Erfahrung reicht die Reinigungsleistung für leicht verschmutze Wäsche auf jeden Fall aus. Bei stark verschmutzter Wäsche nicht immer. Hier müsste die Wäsche dann wieder vorbehandelt werden oder eher bei 60 °C gewaschen werden, was mehr Zeit und auch Ressourcen beansprucht.

Saponine können in größeren Mengen giftig für Fische sein.[30] Aber auch Tenside oder andere Stoffe in gekauften Waschmitteln sind schädlich. Egal, welche Mittel wir nutzen, eine kleine Auswirkung auf unsere Umwelt haben sie leider alle. Aber mit selbstgemachtem Waschmittel spart man immerhin an Verpackung und holt sich weniger Chemikalien ins Haus.

> Auch das Umweltbundesamt empfiehlt das Baukastensystem als bestes Waschmittel,[31] da hier nur so viele Chemikalien genutzt werden müssen wie nötig und je nach Wasserhärte die beste Reinigungsleistung erzielt wird.

Besonders harte Fälle

- **Verfärbte weiße Wäsche**
... kann auf natürliche Weise gebleicht werden. Es ist ein kleiner Geheimtrick, den ich erst als Mama kennengelernt habe: Sonnenlicht eignet sich super, um weiße Wäsche zu bleichen. Schmutzige Kleidung (z. B. Babybodys) einfach nach dem Waschen noch feucht in die strahlende Sonne legen. Nach wenigen Stunden sollten sie wieder komplett weiß sein.

- **Paprika- oder Tomatenflecken**
... so schnell wie möglich mit kaltem Wasser auswaschen. Auch kohlensäurehaltiges Mineralwasser kann helfen. Soda eignet sich ebenfalls gut, um den Fleck zu entfernen. Dafür das Kleidungsstück auf links drehen, mit kaltem Wasser auswaschen und dann von innen das Soda auf den Fleck auftragen. Einwirken lassen und anschließend in die Wäsche geben.

- **Deoflecken**
... lassen sich mit einem Gemisch aus Zitronensäure und Wasser behandeln. 400 ml Wasser mit 3 EL Zitronensäure mischen und das Kleidungsstück darin spülen und über Nacht liegen lassen. Morgens auswaschen und in die Maschine geben.

- **Stockflecken**
... lassen sich entfernen, indem man das Kleidungsstück oder nur die betroffen Stellen in ein Gemisch aus Haushaltsessig und Wasser (Mischungsverhältnis 1 : 1) einlegt. Stockflecken entstehen zum Beispiel, wenn feuchte Wäsche in den Wäschepuff gegeben wurde und allmählich unter immer neuer Wäsche verschwunden ist, also nicht trocknen konnte. Oder wenn feuchte Wäsche in die Waschmaschine gegeben, danach die Tür verschlossen wurde und die Maschine erst Tage später angestellt wurde. Sportkleidung & Co. sollte man daher immer erst austrocknen lassen (z. B. an Türhaken, siehe der Tipp auf Seite 88) oder eben direkt in der Maschine waschen.

- **Kaffee- oder Teeflecken**
Guten Morgen! Einmal umziehen – und weiter geht's. Wer sich morgens gleich mal mit Kaffee oder Tee einsaut, sollte Backpulver, Natron oder Soda auf den Fleck streuen. Abends auswaschen und (ggf. später) in die Maschine geben. Aber Vorsicht: Dunkle Sachen könnten ausbleichen! Hier sollte man den Fleck sofort per Hand und etwas Seife auswaschen.

Tipps zum Kauf von Waschmittel

Auch wer sich gegens Selbstmachen entscheidet und weiterhin Fertigwaschmittel kaufen will, kann sein Tun in punkto Nachhaltigkeit optimieren. Daher hier ein paar Tipps.

Mit dem **Baukastensystem** beginne ich direkt mit dem, was als Sinnvollstes empfohlen wird. Ein Waschmittel-Baukastensystem besteht aus drei Komponenten: dem **Waschmittel** selbst, dem **Wasserenthärter** und dem **Bleichmittel**.

- Das Waschmittel an sich sorgt für die Reinigung der Wäsche und kann je nach Verschmutzungsgrad dosiert werden.
- Der Wasserenthärter bindet den Kalk im Wasser. Da die Wasserhärte je nach Wohnort variieren kann, liegt hier der Vorteil darin, dass die Menge des Wasserenthärters diesem Wert angepasst werden kann. Sparsamer Einsatz von Produkten schont auch die Umwelt. Die lokale Wasserhärte lässt sich leicht herausfinden – nämlich über das Internet oder das örtliche Wasserwerk – und damit auch das passende Mischverhältnis. Je mehr Kalk im Wasser ist, umso härter ist es.
- Die dritte Komponente, das Bleichmittel, muss wirklich nur bei hartnäckigen Flecken eingesetzt werden. Also wahrscheinlich sehr selten.

Da die Komponenten genau auf den eigenen Bedarf gemischt werden, kann man mit einem Baukastensystem auch noch Geld sparen.

Aber auch ein gutes Waschpulver aus der Drogerie kann eine gute Alternative sein (dafür gelten die allgemeinen Tipps auf Seite 36).

#machsnachhaltig

12 Umwelt-Tipps rund um die Wäsche

Die folgenden Tipps dienen dazu, die Wäsche umweltfreundlicher zu waschen, doch die meisten haben noch gute andere Nebeneffekte. Sie können dazu führen, dass wir weniger Geld für Strom, heißes Wasser und Waschmittel ausgeben oder dass wir Zeit sparen. Denn gerade bei einem Haushalt mit mehr als zwei Personen kann das Wäschemachen schon mal schnell drei Stunden oder mehr pro Woche in Anspruch nehmen.

- Nur waschen, wenn es wirklich sein muss. Ich habe früher oft auch einfach beim Aufräumen Kleidungsstücke in die Wäsche getan, obwohl ich sie sicher nochmal hätte tragen können. Jeanshosen müssen meist nicht nach einmaligem Tragen gewaschen werden. Oft reicht es schon aus, die Kleidung auf einem Bügel für einen Tag auszulüften; das spart am Ende auch Zeit. Warum also nicht einfach im Waschraum oder Schlafzimmer Haken an die Tür hängen oder zwei schöne Haken in die Wand schrauben und die Kleidung daran aufhängen, die noch gut ist? So muss die Hose, die man vielleicht in zwei Tagen noch einmal tragen mag, nicht zusammengefaltet und in den Schrank gelegt werden. Und Haken sind einfach schneller benutzt als Bügel. Der schöne Nebeneffekt ist, dass so vielleicht auch weniger Wäsche auf dem Boden liegt.

- Textilerfrischer benutzen. Auch damit lässt sich vielleicht mal ein Waschgang sparen.

12 umwelt-tipps rund um die wäsche

TEXTILERFRISCHER SELBST GEMACHT

Einfach 100 ml abgekochtes Wasser und 1 EL Natron zusammen in eine Sprühflasche geben und so lange schütteln, bis sich das Natron aufgelöst hat. Wenn man hängende Wäsche damit besprüht, ist der Geruch bald weg. Prima auch für die Couch oder Autositze. Falls du einen bestimmten Duft gerne magst, dann gib einfach das entsprechende ätherische Öl dazu!
Falls du mit dem Ergebnis nicht zufrieden bist: nicht wegschütten! Gib einfach noch etwas mehr Natron und 2 EL Essig hinzu – und schon hast du einen Badreiniger.

- Waschtemperatur genau auswählen. Die meisten Waschmittel reinigen bei 30 oder 40 °C perfekt, manche sogar schon bei 20 °C! Weniger Temperatur spart Energie ein, da das Wasser nicht so stark erhitzt werden muss.
- Vorwäsche ist mittlerweile in den meisten Fällen nicht mehr nötig. Außer bei wirklich sehr stark verschmutzter Wäsche.
- Wäsche möglichst auf dem Wäscheeck oder -ständer trocknen lassen. Das geht auch in der Wohnung – vor allem im Sommer, wenn die Heizung aus ist. Wer braucht da schon einen Trockner? Hemden und Blusen zuerst ausschlagen und dann auf einen Bügel hängen – dann erübrigt sich vielleicht sogar das Bügeln. Geht auch bei T-Shirts und Hosen.

- Im Sommer eine Wäschespinne im Garten nutzen. Vor allem bei weißer Wäsche hat das Vorteile, denn sie wird so natürlich gebleicht (siehe dazu Seite 84).
- Die Waschtrommel voll laden, vor allem bei Koch- und Buntwäsche. Hier sollte maximal noch eine geballte Faust oben in die Maschine passen. Das spart Waschgänge und damit auch Geld, denn so muss seltener gewaschen werden.
- Nur Bügeln, was wirklich sinnvoll ist. Unterwäsche beispielsweise muss nicht gebügelt werden. Kleidung am besten leicht feucht bügeln. Dann geht es besser.
- Verschmutze Wäsche getrennt waschen. Wenn es wirklich stark verschmutze Wäsche in deinem Haushalt gibt, macht es Sinn, die gesondert zu waschen, da dafür wahrscheinlich mehr Waschmittel genutzt werden muss als für die Wäsche, die nur wenig verschmutzt ist oder nur riecht.
- Die Waschmaschine pflegen. Dazu gehört einmal im Jahr eine Entkalkung bei 60 °C mit Zitronensäure. Das Flusensieb, der Dichtungsring vorne an der Tür und auch das Waschmittelfach sind schnell gereinigt. Eine gut gepflegte Maschine hält länger.
- Die Tür der Maschine nach dem Waschen offen lassen. So kann der Maschineninnenraum trocknen.
- Weichspüler weglassen. Für das Waschergebnis an sich ist er überflüssig; er kostet nur Geld, Ressourcen und sorgt für mehr Müll. Ein Schuss Essig kann als Ersatz genommen werden (auch wenn er zum Beispiel Handtücher nicht so weich macht wie ein gekauftes Produkt). Wer Duft mag, der kann seine Wäsche einfach nach dem Waschen mit einer Mischung aus Wasser und ätherischem Öl besprühen oder ein paar Tropfen ätherisches Öl in die Maschine geben. Aber zugegeben: Der Duft wird schneller verfliegen als bei dem gekauften Weichspüler.

BÜGELSTÄRKE SELBST GEMIXT

Sogar Bügelstärke kann selbst hergestellt werden. Hier legt vielleicht der Name schon nahe, woraus: Einfach 100 ml Wasser mit 1–2 TL Stärke in einer Sprühflasche mischen.

12 umwelt-tipps rund um die wäsche

Ich zeige dir in diesem Buch, wie du mit ein paar wenigen Lifehacks schlauer putzen und damit nicht nur die Welt grüner machen, sondern auch viel Geld sparen kannst!

FLÜSSIGES WASCHMITTEL

Zubereitungszeit 20 Minuten

Haltbarkeit 3 Monate

1 l Wasser

2 EL Waschsoda

15 g Kern-/Olivenölseife

15 Tropfen ätherische Öle (optional, für den Geruch)

1 Reibe

1 Topf

2 alte Waschmittelbehälter aus Plastik

KANN MAN DAMIT WOLLE WASCHEN?

Ja, auch Wolle kann damit gewaschen werden. Dafür würde ich allerdings das Soda weglassen, denn es kann Wolle und Seide klumpig werden lassen. Je nach Seife kann das Ergebnis anders ausfallen. Bei Wolle gilt allgemein: Am besten so wenig wie möglich waschen. Ein Wollpullover kann gut zum Auslüften nach draußen gehängt werden. Oft sind die Wollsachen ja ohnehin nicht wirklich schmutzig, sondern riechen einfach nur etwas nach Schweiß. Um Schweißgeruch zu vermeiden, könntest du auch einfach ein Shirt unter dem Pullover tragen.

Dieses Flüssigwaschmittel sollte bei mindestens 30–40 °C genutzt werden. Die Dosierung ist abhängig von der Wasserhärte und der Verschmutzung. Für den Anfang empfehle ich 150 ml pro Waschgang; so reicht die angegeben Menge für mindestens fünf Waschgänge. Wenn mehr Behälter zum Abfüllen bereitstehen, kann auch direkt mehr auf Vorrat hergestellt werden, das Waschmittel ist nämlich gut haltbar. Die ätherischen Öle sind hier nur optional: Sie wirken sich nicht auf das Waschergebnis aus – es geht nur um den Geruch. Wenn es dir insbesondere um einen guten Geruch im Schrank geht, dann kannst du auch einfach ein gut riechendes Stück Seife oder ein Duftsäckchen (siehe Seite 118–119) hineinlegen.

- Die Seife mit der Reibe kleinreiben. Ist keine Reibe im Haus, dann die Seife einfach mit einem Messer in kleine Stücke schneiden. So löst sie sich im Wasser schneller auf.
- Das Wasser mit der Seife zusammen in dem Topf aufkochen. Dann auf die kleinste Stufe stellen und unter Rühren zu einer Masse werden lassen. Das dauert ca. zehn Minuten.
- Dann vom Herd nehmen und kurz abkühlen lassen.
- Waschsoda dazugeben und gut einrühren.
- Danach für ca. zwei Stunden abkühlen lassen.
- Jetzt einmal prüfen, ob sich die Seife komplett aufgelöst hat. Wenn ja: super. Wenn nein, dann noch einmal aufkochen, bis auch kleine Stücke aufgelöst sind.
- Nun die Konsistenz prüfen: Ist das Gemisch sehr geleeartig, dann noch einmal 100 ml Wasser dazugeben und aufkochen. Ist es zu flüssig, entweder noch mal 20 g Seife dazugeben oder erst einmal bei einem Waschgang testen. Je nach verwendeter Seife kann die Konsistenz variieren.
- Die ätherischen Öle können hinzugegeben werden, wenn das Gemisch abgekühlt ist.
- Alles in die Flaschen füllen und verschlossen aufbewahren.
- Vor der Anwendung immer etwas schütteln, damit sich die Zutaten gut vermischen.

flüssiges waschmittel ← 93

FLÜSSIGES KASTANIEN-WASCHMITTEL

Zubereitungszeit 30 Minuten

Haltbarkeit: zum Sofortgebrauch

5 Rosskastanien

200 ml Wasser

eventuell ätherische Düfte

1 Topf

1 Messer oder Nudelholz

AUF VORRAT HERSTELLEN

Alternativ zum beschriebenen Vorgehen kannst du auch einfach eine größere Menge Kastanien zerkleinern und diese zerkleinerten Stücke dann ausbreiten und gut trocknen lassen. Dann füllst du sie in ein Vorratsglas ab. Wenn Waschmittel gebraucht wird, können dann einfach 2–3 EL herausgenommen und mit heißem Wasser übergossen werden.

Aus Kastanien kann man wunderschöne Dinge basteln. Wusstest du, dass man sie auch zum Wäsche- und sogar zum Haarewaschen nutzen kann? Kastanien enthalten Saponine, sogenannte waschaktive Substanzen. Um aus Kastanien Waschmittel herzustellen, solltest du sie sammeln, sobald sie auf den Boden gefallen sind, denn dann ist die Schale noch sehr weich und sie können leicht zerkleinert werden. Wenn die Schale erst richtig hart ist, wird das Zerkleinern ziemlich anstrengend. Esskastanien sollten übrigens nicht genutzt werden – die sollten wir stattdessen lieber essen. Der Vorteil des Kastanien-Waschmittels im Vergleich zu den bekannten Waschnüssen ist, dass die Kastanie regional verfügbar ist. Wir können sie selbst einsammeln, und somit werden keine Ressourcen für den Transport verbraucht – die Waschnüsse in der Drogerie kommen schließlich aus Indien oder Nepal! Allerdings sollten wir beim Sammeln darauf achten, dass wir den Wildtieren noch genügend Futter lassen.

Das Waschmittel sollte bei 40 °C verwendet werden. Falls die Flecken damit nicht rausgehen: Temperatur erhöhen oder Vorwäsche dazuschalten.

- Die Kastanien zu Hause erst einmal abwaschen.
- Falls du das Waschmittel für weiße Wäsche nutzen möchtest, musst du die Kastanien nun schälen (sonst kann sich die Wäsche nach und nach verfärben). Falls du es nur für Buntes nutzen möchtest, kannst du dir diesen Arbeitsgang sparen.
- Dann die Kastanien mit einem Messer in Achtel schneiden. Alternativ kannst du sie in ein Küchenhandtuch wickeln und mit einer Teigrolle oder einem Fleischhammer draufschlagen.
- Die zerkleinerten Kastanien in einen hitzebeständigen Behälter füllen. Ein Glas geht auch, aber Vorsicht mit dem heißen Wasser.
- Kochendes Wasser darübergießen und ein paar Stunden oder über Nacht stehen lassen.
- Nun die Flüssigkeit durch einen Sieb in ein Aufbewahrungsgefäß filtern oder gleich direkt in das Waschmittelfach.

FEATURE

MIKROPLASTIK IN DER WASCHMASCHINE

Beim Wäschewaschen können sich kleine Plastikteile lösen und in unser Wasser gelangen, insbesondere von neuer Kleidung, Fleece oder Sportkleidung. Das Garn, mit dem unsere Kleidung zusammengenäht ist, besteht meistens aus Plastik. In seltenen Fällen wird Baumwollgarn genutzt, der allerdings nicht so lange haltbar und reißfest ist wie Polyester. Die Universität Plymouth hat zudem in einer Studie herausgefunden, dass sich bei jedem Waschgang Fasern lösen – auch sie landen im Wasser.[32] Dazu kommen mitunter auch große Teile wie Knöpfe und andere Verschlüsse oder auch ausgefranste Pflegezettel.

Teile im Wasser – ein Problem!

Kläranlagen können nicht alle Fasern aus dem Wasser herausfiltern, denn viele sind einfach viel zu klein.[33] So können diese dann über unser Abwasser in Flüsse, Meere und so weiter gelangen, wo sie eine Gefahr für Tiere darstellen. Und so werden diese Plastikfasern ein Bestandteil unseres Wassers, auch unseres Trinkwassers.[34] Große Mikroplastikteile sind 1–5 mm groß. Dann gibt es noch Nanoplastikteile. Die sind nur noch unter dem Mikroskop erkennbar und kleiner als 1 mm. An den kleinen Plastikteilen setzen sich gern andere Stoffe fest; zudem können sie Stoffe wie Weichmacher oder Flammschutzmittel beinhalten.

Wie können wir es verhindern, dass Teile ins Abwasser gelangen?

Die beste Lösung ist, schon beim Kleidungskauf besser auf das Material zu achten! Das heißt: Keine Kleidung aus Kunststoffen kaufen. Denn was erst gar nicht produziert wird, kann auch nicht in unserer Umwelt landen. Leider bestehen aber 65 Prozent aller Textilfasern auf der Welt aus Kunststoffen.[35]

Eine weitere Möglichkeit ist, Wäschestücke, von denen sich größere Teile lösen könnten, in einem Wäschesack oder Kissenbezug zu waschen. Für Wäsche aus Polyester eignet sich beispielsweise ein spezieller, sehr feinmaschiger Waschsack. Der fängt kleine (bzw. zumindest nicht zu kleine) Teile auf, die dann nach dem Waschen über den Restmüll entsorgt werden können.

Ab dem Jahr 2025 werden fest installierte Filter an allen neuen Waschmaschinen in Frankreich Pflicht.[36] Diese Filter werden an den Abwasserschlauch der Maschine angebracht. Sie sehen ungefähr so aus wie eine 1 l große Plastiktrinkflasche. Die Kartuschen filtern dann alles aus dem Wasch-Abwasser heraus, was nicht hineingehört, auch kleinste Teile. Das erspart uns Zeit, da wir die Wäsche nicht mehr in feinmaschige Wäschenetze füllen müssen – und auch wenn wir das einmal vergessen, werden die Teile eingesammelt. Einen kleinen Nachteil hat das Ganze: Diese Filter-Kartuschen sind aus Plastik und müssen in regelmäßigen Abständen ausgetauscht werden (was natürlich kostet). Aber immerhin: Der Großteil dieser Filter wird recycelt und kann anschließend erneut genutzt werden. Auch die gefilterten Materialien sollen noch verwendet werden. Da wird momentan an einer Lösung gearbeitet.

DIE SCHNELLEN – WOHNZIMMER UND SCHLAFZIMMER

Der Wohnbereich braucht nur selten eine Grundreinigung. Oft reicht es hier, regelmäßig aufzuräumen und zu saugen sowie ab und an zu wischen. Weniges, wie das Sofa oder der Echtholzboden, braucht eine spezielle Pflege. Die größte Herausforderung ist eigentlich der Staub, der gefühlt eine Stunde nach dem Putzen schon wieder überall ist. Weg muss er dort, wo er stört – sowie von Heizkörpern vor der Heizperiode (siehe dazu auch Seite 116), damit er nicht beim Heizen wieder im ganzen Raum verteilt wird.

ORGANISATION IST ALLES

Haben wir die Schränke obendrauf dieses Jahr schon mal abgestaubt? Und wann sind eigentlich die Rollos oder der Laptop wieder soweit? Da könnte ein Jahres-Putzplan helfen, den Überblick zu behalten. In der ersten neuen Wohnung oder im Zusammenleben mit anderen Menschen hilft die kleine Version davon, ein Monatsplan, sich besser zu organisieren und unnötigen Streit zu vermeiden. Der Plan könnte ausgedruckt und hinter die Tür gehängt werden. Man könnte dann auch noch zuordnen, wer für was verantwortlich ist. Ein Whiteboard oder eine Tafel in der Küche wäre auch eine Möglichkeit: So hat man auch ein Erfolgserlebnis, wenn etwas abgehakt werden kann, und alle sehen, was wann zu tun ist.

Der Monatsplan

Hier ein solcher Beispiel-Monatsplan für alles, was nicht sowieso ständig geputzt werden muss wie die Küche oder das Bad – auch das tägliche Lüften darfst du nicht vergessen. Bitte beachte, dass dieser Plan je nach Wohnsituation angepasst werden kann und muss. Wohnst du allein, fällt wahrscheinlich weniger an als bei einer Familie oder in einer WG.

Der Jahresplan

Es gibt Dinge, die müssen nicht zwingend jeden Monat gemacht werden, sollten aber auch nicht vergessen werden. Normalerweise sieht man schon, wenn etwas gereinigt werden muss. Nur gerade bei Türen oder den Fenstergummis fällt es oft erst auf, wenn man sie wirklich abwischt. Da bietet sich ein Jahresplan an, um den Überblick zu behalten. Am besten ist, darin auch zu berücksichtigen, wann man gern gar nichts machen will. So lässt sich der Rest auch leichter verteilen. Von September bis März könnte ein Jahresplan zum Beispiel so aussehen:

> Die beiden Pläne findest du auch auf der Ulmer-Homepage:
> **www.ulmer.de/schlauer-putzen**.
> Dort kannst du sie auf dein Smartphone herunterladen oder einfach ausdrucken und an deinen Kühlschrank pinnen.

Der Monatsplan für Wohnung und Schlafzimmer (ohne Specials wie die Küche oder das Badezimmer)

Erste Woche	○ Böden saugen und wischen ○ Bettwäsche waschen ○ Feucht abwischen: Bilderrahmen, Rollos, Lichtschalter, Lampen, Oberflächen, Tische und Stühle ○ Staubwischen: TV, Regale, PC, ...
Zweite Woche	○ Böden saugen ○ Couch absaugen: Oberfläche und in den Rillen
Dritte Woche	○ Böden saugen und wischen ○ Staubwischen: TV, Regale, Fensterbank ... ○ Feucht abwischen: Oberflächen, Tische, Stühle, Lichtschalter, Lampen, Tür- und Fenstergriffe
Vierte Woche	○ Böden und Fußleisten saugen

Der Jahresplan (Auszug: September bis März)

September	○ Heizkörper absaugen und mit Staubwedel von Staub befreien ○ Fenster und Fensterrahmen putzen ○ Treppengeländer feucht abwischen ○ Vorhänge waschen
Oktober	○ Schränke aussortieren, ausräumen und auswischen ○ Laptop und Tastatur reinigen
November	○ Türen und Rahmen absaugen und feucht abwischen
Dezember	nichts
Januar	nichts
Februar	○ Laptop und Tastatur reinigen ○ Fernbedienungen reinigen
März	○ Heizkörper absaugen und mit Staubwedel von Staub befreien ○ Fenster und Fensterrahmen putzen ○ Vorhänge waschen

WELCHE REINIGUNGSMITTEL BRAUCHE ICH WIRKLICH?

Parkett, Fliesen, Laminat, Türen, Fenster, TV ... Wer mit offenen Augen durch die Wohnung geht, wird viele Materialien entdecken. Und viele haben so ihre Tücken. Welche Oberflächen gibt es? Und wie rückt man Verschmutzungen zu Leibe?

Oberflächen in den Wohnräumen

Es gibt viele verschiedene Bodenbeläge. **Korkböden**, **Laminat** und **Holzböden** sollten gut gesaugt und nur mit einem nebelfeuchten Lappen gereinigt werden. **Fliesen**, **Steinböden** und **PVC** können mit Allzweckreiniger geputzt werden. Verkrustete Flecken können abgeschabt werden oder auch mit dem Spülkuchen (siehe Seite 54) und einem Lappen entfernt werden.

An Geräten gibt es sehr gute Bodenwischer oder auch Wischmopps mit höhenverstellbarem Teleskopstiel und einer Bodenplatte. Die erleichtern das Wischen schon, denn sie kommen einfach in alle Ecken. Der Bezug sitzt fest, rutscht nicht dauernd hin und her und ist leicht abnehmbar und waschbar.

Falls du die Möglichkeit hast, zu entscheiden, welche Böden in deinem Zuhause verlegt werden, erkundige dich immer, wie sie gereinigt werden können. Bodenbeläge, die leichter zu pflegen sind, sparen dir auf Dauer viel Zeit. Je nach Raum sind unterschiedliche Materialien auch verschieden gut geeignet. So machen in der Küche und im Bad Fliesen sehr viel Sinn, also ein Material, das auch mal geschrubbt werden kann. Denn in den beiden Räumen fallen wohl die gröbsten Verschmutzungen an. Laminat oder Parkett ist in Wohn- oder Schlafzimmern sehr schön. Teppich kann meist nur gesaugt werden, oder man leiht sich einmal im Jahr eine Teppichreinigungsmaschine im Baumarkt. Wer in den Wohnräumen gerne Teppich hat, beispielsweise im Kinderzimmer, könnte auch auf einen Holzboden ausweichen und waschbare Teppiche darauflegen.

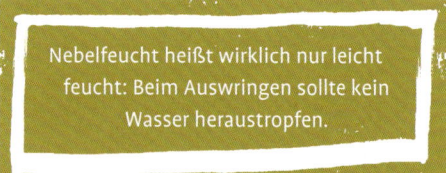

Nebelfeucht heißt wirklich nur leicht feucht: Beim Auswringen sollte kein Wasser heraustropfen.

Weitere Tipps zum Reinigen von Böden gibt's auf Seite 104–105.

Das meiste andere in den Wohnräumen kann mit einem feuchten oder nassen Tuch gereinigt werden. So auch **Lampenschirme** oder **Jalousien**. Bei gröberen Verschmutzungen kann Allzweckreiniger oder Spülmittel getestet werden. Auch

> **GRUNDSÄTZLICH GILT EIGENTLICH IMMER BEIM PUTZEN:**
>
> von oben nach unten arbeiten. Denn von der Lampe fällt vielleicht Schmutz auf die Fensterbank – und da wäre es doch ärgerlich, wenn du sie schon gewischt hättest. So vermeidest du doppelte Arbeit. Wenn es dir dabei hilft, nichts zu vergessen, dann arbeite dich am besten im Uhrzeigersinn durch den Raum.

Türen kannst du mit einfachem Allzweckreiniger abwischen. Vielleicht reicht auch hier einfach ein feuchtes Tuch.

Fußleisten und **Steckdosen** können auch abgesaugt werden; hier sammelt sich meist einiges an Staub. Auch **Couch** und **Sessel** sollten regelmäßig abgesaugt werden. Wenn es möglich ist, die Sitzkissen zu waschen, sollte das auch alle paar Monate getan werden. Wenn das nicht möglich ist, kann die Couch mit einem feuchten Tuch und etwas von dem Spülkuchen von Seite 54 oder einem milden Shampoo abgewischt werden. Das geht auch bei Kunstleder. Auch zur Couch gibt's auf Seite 105 noch ein paar Tipps.

Richtig staubwischen

Ja, man kann falsch Staubwischen! Und man macht sich das Leben leichter, wenn man ein paar Tipps berücksichtigt:

- Wenn der Boden wirklich stark verstaubt ist, sollte er zuerst gesaugt werden. Auch wenn dann am Ende nochmal alles gesaugt werden muss. Denn sonst wird der ganze Staub vom Boden aufgewühlt und verteilt sich überall. Es ist meist nicht ausreichend, den Boden nur zu fegen. Denn so wird nicht unbedingt der Staub mit weggefegt.
- Mikrofasertücher oder Staubwedel sind sehr sinnvolle Helfer beim Staubwischen. Die können sogar trocken verwendet werden. Statt der Wegwerf-Staubwedel bieten sich natürlich wiederverwendbare an, die ausgeschlagen werden können. Ein solcher oder ein Aufsatz kann in wenigen Minuten selbst hergestellt werden (siehe Seite 120–121). Auf der Fensterbank oder dem Fernseher kann

auch ein feuchtes Tuch zum Staubwischen genutzt werden.
- Im Winter gilt: Je trockener die Luft, umso besser kann sich Staub verteilen. Daher mehrmals täglich mindestens zehn Minuten lüften!
- Weniger „Stehrümchen" haben. Damit sind Dinge wie kleine Dekofiguren oder andere Staubfänger gemeint. Auch Pflanzen solltest du abstauben, sobald du Staub auf den Blättern siehst.
- Teppich regelmäßig saugen. Vor allem in Hochflorteppichen sammelt sich einiges an; nicht nur Staub, auch Krümel. Vor allem auch daran denken, *unter* dem Teppich zu saugen.
- Schwer zugängliche Stellen in den Räumen reduzieren. So macht es Sinn, die Möbel so auszuwählen, dass auf jeden Fall der Staubsauger darunterpasst. Dann müssen sie nicht weggerückt werden und es sammeln sich keine Staubberge dahinter.
- Sehr sinnvoll als Ergänzung kann ein Staubsaugerroboter sein. Selbst wenn der alle zwei Tage für eine Stunde läuft, kann es sein, dass er weniger Strom verbraucht als ein älterer Bodenstaubsauger. Und wahrscheinlich leistet er noch dazu mehr.

Für besonders harte Fälle

Teppiche, Holzböden, Steinböden und Fliesen brauchen nicht unbedingt eine spezielle Pflege, wenn Schmutz immer zeitnah entfernt wird und regelmäßig gesaugt und gewischt wird. Manche Tücken gibt es aber doch! Und was, wenn doch mal gröbere Flecken entstehen, etwa von Rotwein, oder Fliesenfugen mit der Zeit grau werden? Auch da gibt es Lösungen.

- **Fugen-Trick**
Schraube einen Bürstenaufsatz auf einen Akkuschrauber und reinige damit die Fugen. Das geht schneller als mit der klassischen alten Zahnbürste. Aber Vorsicht: Wenn Fugen mit Essig oder Zitronensäure gereinigt werden, sollten sie vorher immer nass gemacht und der Essig verdünnt werden. Einwirken sollte das Essig-Wasser-Gemisch nur wenige Minuten. Bei ergrauten Fugen kann die Natronpaste von Seite 70 helfen. Die würde ich aber immer zuerst an einer unauffälligen Stelle testen! Fugen in Holzböden sollten mit dem Fugenaufsatz des Staubsaugers gereinigt werden. Sind sie mit Silikon verschlossen, sammelt sich gar kein Schmutz an.

WENN SCHON RAUCHEN, DANN LIEBER DRAUSSEN!
Auf die Dauer kann Zigarettenrauch Wände, Fugen und Lichtschalter gelb färben. Dagegen kommt man selten mit Putzmittel an. Da hilft dann oft nur noch: streichen, neu machen, austauschen. Also die Raucher lieber gleich rausschicken ...

- **Teppich-Tipp**
Beim Kauf bereits darauf achten, dass der Teppich gewaschen werden kann. Das gilt auch für die Bademate im Badezimmer! Je nach Größe geht das allerdings nicht. Dann prüfen, ob das gute Stück in die professio-

nelle Reinigung gegeben werden kann. Aber Vorsicht: Je nach Teppichgröße kann die professionelle Reinigung teurer sein als der Teppich selbst. Einen Hochflorteppich am besten ausklopfen und regelmäßig absaugen. Wenn das nicht möglich ist, kann man den Teppich auch einmal mit der oberen Seite auf den Boden drehen und darüberlaufen. So fallen Krümel und alles weitere auf den Boden und können dann von dort weggesaugt werden. Bei kleineren Flecken kann wieder Natron als Schmutzlöser genutzt werden oder der Spülkuchen von Seite 54. Einfach ein wenig Natron auf die feuchte Stelle geben, trocknen lassen und absaugen. Bei akuten Flecken, also wenn beispielsweise roter Saft oder Kaffee auf den Teppich gelaufen ist, am besten schnell Stärke daraufstreuen. Die saugt die Flüssigkeit auf – und so landet weniger im Teppich.

- **Laminat, Holz und Stein**
Jedes Material reagiert anders auf Reiniger. Vorher Testen ist bei Böden daher sinnvoll. Manche Reiniger hinterlassen Schlieren auf Laminat. Es kann schon ausreichen, bei Laminat etwas Essig mit Wasser zu mischen.
Bei versiegeltem Parkettboden kann eine Mischung aus fünf Beuteln Schwarzem Tee und 1 l Wasser helfen.[37] Wenn dein Parkett versiegelt ist, erkennst du das an seinem leichten Schimmer. Unversiegelter Parkett ist matt. Hier solltest du wirklich aufpassen, dass grobe Flecken gar nicht erst entstehen, denn der Boden muss sonst nachgeölt oder abgeschliffen werden. Für unglasierte Stein- und Holzböden gibt es spezielle Reiniger. Weil man sie wirklich nur selten im Jahr braucht, würde ich tatsächlich ein fertiges Produkt empfehlen (eine Flasche hält da sicher ein paar Jahre).

- **Holzmöbel**
Massivholzmöbel können mit ganz wenig klassischem Kokosöl und einem Tuch eingerieben werden. Leinöl kann für dunklere Möbelstücke verwendet werden.[38] Das kann einmal im Jahr gemacht werden; Holzmöbel im Badezimmer brauchen vielleicht etwas mehr Pflege aufgrund der Feuchtigkeit im Raum.

- **Couch und Sessel**
Bei einer Couch mit Baumwollbezug lassen sich gröbere Flecken entfernen, indem man die Oberfläche mit einem Tuch feucht abwischt und anschließend Natron darauf verteilt. Das Natron trocknen lassen und am nächsten Tag absaugen. Am besten an einer wenig sichtbaren Stelle vorher testen. Auch die Natronpaste (Seite 70) könnte hier zum Einsatz kommen. Ein handelsübliches festes Stück Seife kann auch gut funktionieren: Den Teil mit dem Fleck nass machen und die Seife aufschäumen. Dann einfach mit einem Tuch abnehmen. Gegen Tierhaare hilft eine mehrfach verwendbare Tierhaarbürste. Eine Couch aus echtem Leder braucht spezielle Pflege. Dafür gibt es extra Reiniger und Pflegemittel zu kaufen. Damit die Couch lange hält, würde ich auf diese zurückgreifen.

- **Ruß**
Rußablagerungen, zum Beispiel von Kerzen, kannst du folgendermaßen entfernen: groben Schmutz mit einem kleinen Bürstenaufsatz absaugen, dann mit einem Lappen etwas von dem Spülcake von Seite 54 abnehmen und den Fleck vorsichtig abtupfen.

ALLZWECKREINIGER

Zubereitungszeit 10 Minuten

Haltbarkeit 2 Monate

300 ml warmes Wasser
1 EL geriebene Seife oder
1 EL Spüli (Rezept für selbstgemachten siehe Seite 52)
1 EL Natron
1 Topf
1 Sprühflasche
1 Trichter

Der Allzweckreiniger ist schnell hergestellt und super für Zwischendurch: schütteln und dann einfach ein paar Sprühstöße direkt auf die Oberfläche bzw. den Fleck oder auf den Lappen geben. Bei gröberen Flecken kann er auch eine Zeitlang einwirken. Die verwendete Seife sollte frei von Duft- und Farbstoffen sein. Olivenöl- oder Kokosölseife können gern genutzt werden.

- Die geriebene Seife mit dem Wasser im Topf aufkochen.
- Etwas abkühlen lassen, bis die Mischung lauwarm ist, und das Natron einrühren.
- Mit dem Trichter in die Sprühflasche füllen.
- Vor der Nutzung sollte das Gemisch immer gut geschüttelt werden.

TIPP

Schreib dir das Rezept direkt auf die Flasche. Wenn der Reiniger leer ist, kannst du ihn so immer wieder schnell neu machen.

allzweckreiniger 107

WASCHMITTE

DIE SPECIALS – OUTDOOR UND ANDERES

Gebraucht gekauftes Kinderspielzeug, Musikinstrumente, Haarbürsten, Dinge, die lange auf dem Speicher gelegen haben, verstaubte Kuscheltiere, Outdoormöbel, der Grill ... Die Liste der Dinge, für die eine Spezialreinigung nötig sein könnte, ließe sich ewig verlängern. Auch Fahrrad und Auto verdienen etwas Pflege, damit sie länger fit bleiben und genutzt werden können. Und für besondere Gegenstände und Materialien gibt es auch besondere Putzmittel: „Spezial-Reinigungsmittel". Aber braucht es die wirklich?

AUTO, FAHRRAD & CO.

Cockpitspray, Cockpitreinigungstücher, Klimaanlagenreiniger, Felgenreiniger, Glasreiniger, Spiegelglanz, Polsterschaum, Reifenglanz, Innenraumpflege, Außenpolitur – es gibt gefühlt mehr Reiniger für das Auto als für das gesamte Haus. Je nachdem, welche Art von Material verarbeitet ist, machen sie auch wirklich Sinn. Aber es müssen nicht mehr als zehn Reiniger gekauft werden. Auch hier reichen ein paar Spezialmittel, wie auch für Bike & Co. Die Scheiben und Spiegel im Auto können zum Beispiel genauso gereinigt werden wie die im Badezimmer (siehe Seite 66).

Die Auto-Außenreinigung

Zur Außenreinigung reicht es wohl für die meisten, regelmäßig durch die Waschanlage zu fahren. Eine Vorwäsche ist dort empfehlenswert, da dadurch grobe Verschmutzungen abgewaschen werden. Die könnten in der Waschanlage selbst sonst kleine Kratzer auf dem Lack verursachen.[39] Regelmäßig heißt in dem Fall: so oft, wie es nötig ist. Die Oberflächen sind mittlerweile sogar so konzipiert, dass im Winter nicht nach jeder Fahrt Streusalzreste abgewaschen werden müssen (außer, der Lack ist schon verkratzt). Felgen können auch am besten in der Waschanlage gereinigt werden, etwa mit dem Hochdruckreiniger.

Was nie gemacht werden darf, ist, das Auto zu Hause in der Einfahrt, auf einer Wiese oder Ähnlichem zu reinigen. Denn dabei könnten Öl, Teer oder andere Rückstände in unser Wasser gelangen.

Die Auto-Innenreinigung

Für die Innenreinigung beim Auto hier ein paar Lifehacks:

- **Ritzen und Rillen**
  Ritzen und kleine Rillen gibt es in Autos viele. Nach und nach wird es darin immer staubiger. Um den Schmutz dort raus zu bekommen, einfach ein Ein-Euro-Stück in ein Tuch wickeln und damit durch die Rillen fahren. Größere Rillen wie bei der Kupplung, den Fächern in den Türen oder im Kofferraum können mit dem Staubsauger gereinigt werden, nämlich mit einem speziellen Aufsatz oder alternativ einer leeren Klopapierrolle: Die Rolle vorne auf den Staubsauger setzen und dann so plattdrücken, dass sie in die Ritze passt.
- **Sitzbezüge**
  … sollten vor der Reinigung des übrigen Auto-Innenraums gründlich abgesaugt werden, da sich dort oft Staub und kleinere Schmutzteile finden lassen. Flecken auf den Polstern

können auch mit dem selbstgemachten Waschmittel von Seite 92 und auch mit dem Spülcake von Seite 54 entfernt werden: einfach mit einer nassen Zahnbürste über den Spülcake streifen und den Fleck anschließend gut einreiben; dann mit einem feuchten Tuch nachwischen.

Lederpolster sollten mit speziellen Reinigern gesäubert werden, die es zu kaufen gibt.

- **Cockpit-Flächen**
Spätestens wenn man auf dem Cockpit schreiben kann, weil dort einfach zu viel Staub liegt, steht wieder ein Autoputz an. Bei häufiger Nutzung macht es wahrscheinlich Sinn, einmal im Monat die Oberflächen abzuwischen; an die Innenseiten der Scheiben muss man aber nicht so oft ran, das genügt alle zwei Monate. Für die Oberflächen reicht ein Mikrofasertuch und ein kleiner Eimer Wasser.

- **Fußraum und Fächer**
Krümel und Steinchen einfach wegsaugen. Damit sich nicht in jedem freien Fach Müll ansammelt, kann es übrigens durchaus Sinn machen, an einer bestimmten Stelle einen Beutel zu lagern, in dem jeder anfallende Müll wie Parktickets oder dergleichen gesammelt wird.

- **Die Luft**
Gegen muffigen Geruch kann das Spray von Seite 89 genutzt werden. Oder eine Handvoll Kaffeesatz: Das wird einfach in eine Schale gelegt und über Nacht ins Auto gestellt (dieser Trick funktioniert übrigens auch im Kühlschrank).

Fahrrad & Co.

Das Fahrrad kann grob mit einem Schlauch gereinigt werden. Noch einfacher geht das in einer Autowaschbox, zur Not aber auch in der Badewanne. Anschließend prüfen, ob dadurch vielleicht Kette und Lager entfettet wurden. Die müssten dann nachgefettet werden.

Grobe Verschmutzungen wie Schlamm am besten erst trocknen lassen und dann mit einem starken, breiten Pinsel entfernen. Die Reste anschließend mit einem feuchten Tuch abnehmen. Kleiner Tipp: Damit danach nicht der Boden gekehrt werden muss, unter dem Rad einfach vorher altes Zeitungspapier verteilen. Falls doch ein Reiniger nötig ist, kann auch hier der Spülcake von Seite 54 genutzt werden.

Gleiches gilt für Kickroller, Laufräder, Plastiktraktoren und andere Fahrgeräte für Kleine und Große.

ALLES, WAS SONST NOCH DRAUSSEN IST

Outdoormöbel
Nach dem Winter können Spinnweben und anderer leichterer Schmutz mit einem Handbesen entfernt werden. Gegen Flecken einfach Seife, Spüli oder den Spülkuchen von Seite 54 mit einem Baumwolllappen verwenden (für Holzmöbel siehe weiter unten).
Die Natronpaste von Seite 70 kann genutzt werden, falls sich weiße Stühle gelb gefärbt haben. Am Fuß eines Stuhles sollte allerdings zu Beginn getestet werden, ob die Paste das Material auch nicht verkratzt.

Gartenmöbel aus Holz können zum Schutz mit Olivenöl eingerieben werden. Gereinigt werden können sie mit Wasser, in dem ein Stück Seife aufgelöst wurde.

Der Grill
Ob Gemüse oder Fleisch, beides klebt gern am Grillrost fest. Da es sich bei den Verschmutzungen meist um Fett handelt, kann der Rost, wie die Einsätze der Dunstabzugshaube, in ein Gemisch aus Wasser und Soda eingelegt werden. Vorher sollte allerdings

REINIGER SOLLTEN NICHT IN DIE WIESE GESPÜLT WERDEN. DENN SIE ENTHALTEN SCHON MAL STOFFE, DIE LIEBER ERST DURCH DIE KLÄRANLAGE GEHEN.

der grobe Schmutz mechanisch entfernt werden. Es kann auch helfen, den Grillrost mit Salz zu bestreuen und dann mit einer Zitronenhälfte darüberzureiben. Oder man nutzt das Scheuermittel von Seite 58.

Auf der Außenseite des Grills können sich auch schon mal Fettspritzer ablagern. Am besten wischt man mit einem feuchten Lappen und dem Spülkuchen von Seite 54 oder Spüli kurz einmal drüber, wenn der Grill noch ganz leicht warm ist. Nie, wenn der Grill heiß ist! Denn gerade Mikrofasertücher aus Polyester können so beschädigt werden.

Balkon und Terrasse

Die Regelmäßigkeit macht's. Wenn die Terrasse einmal im Frühjahr und einmal im Herbst gereinigt wird, dann fällt das große Schrubben meist aus, da sich der Schmutz nicht lange Zeit festsetzen konnte. Oft reicht es schon, Blätter, Grashalme und alles Weitere mit einem Besen fix wegzufegen und je nach Verschmutzung mit Besen oder Mopp und Wasser den Boden zu säubern. Wenn das nicht reicht, kann eine feinere Bürste genutzt werden. Wenn das immer noch nicht reicht, dann Seife mit Wasser verdünnen und damit die Bodenplatten säubern. Allerdings gibt es hierbei ein Problem: Der Reiniger wird direkt in die Umwelt gegeben (auf die Wiese oder vom Balkon auf die Straße oder Einfahrt), es sei denn, es gibt einen Abfluss, über den das Abwasser in den Kanal gelangt. Selbst biologisch abbaubare Seife sollte eigentlich durch die Kläranlage und nicht einfach so ins Gras gespült werden.

Ein Hochdruckreiniger sollte bei empfindlichen Steinen wie Sandstein sehr vorsichtig eingesetzt werden.

Unkraut kann, wenn es stört, mit einem speziellen Fugenkratzer herausgekratzt werden. Mit einem Messer geht es auch, doch das ist deutlich aufwendiger.

UNKRAUTVERNICHTER SELBST HERSTELLEN

200 ml Wasser und 50 ml Essig mit 1 TL Salz in einer Sprühflasche mischen. Wenn man dieses Gemisch großzügig auf das Unkraut sprüht, färbt es sich nach ein paar Tagen gelblich oder bräunlich und kann dann einfach weggekehrt werden.

SPIELZEUG UND KUSCHELTEILE

Die nötige Reinigung hängt natürlich stark von der Art des Spielzeugs ab. Es sollte jedenfalls spätestens dann gereinigt werden, wenn Schmutz zu sehen ist.
Plastik kann in der Spülmaschine, in der Spüle mit Spülmittel oder auch in der Badewanne mit etwas Shampoo gereinigt werden, ggf. mit einer (Zahn-)Bürste.[40] Bei gröberen Verschmutzungen kann auch Waschmittel helfen. Bei unempfindlichen Spielzeugformen wie (nicht zu großen) Plastik-Bauklötzen kommt sogar ein Waschen in der Waschmaschine infrage: Dazu werden die Steine in ein Wäschenetz oder einen Kissenbezug gepackt, der sich vollständig verschließen lässt. Zum Trocknen die Steinchen ausbreiten und liegenlassen.

> Plastik-Bausteine lassen sich sogar in der Maschine waschen, bei maximal 40 °C ohne Schleudern.

Bei Kuscheltieren oder Kuscheltüchern und allen anderen Dingen aus Stoff sollte beim Kauf bereits darauf geachtet werden, dass sie waschmaschinengeeignet sind. Auch die können dann in einem Kissenbezug und mit Waschmittel gewaschen werden. Wenn sie in den Trockner kommen, dann ein Schonprogramm und eine kurze Laufzeit wählen. Hier wirklich aufpassen, sonst können sich die Teile verformen oder das „Fell" sieht nachher anders aus. Kuscheltiere und andere Dinge aus Stoff sollten, wenn sie häufig benutzt werden, regelmäßig gewaschen werden. An ihnen kann alles landen, was an den Händen klebt, und auch Staub setzt sich gerne auf ihnen ab.

Holzspielzeug darf weder in die Spülmaschine noch in die Waschmaschine, denn Holz kann aufquellen. Es sollte nur mit einem Tuch und Wasser gereinigt werden. Groben Schmutz kann man meist gut mit einem Löffel oder Messer abkratzen. Wenn hier mal etwas absplittert, einfach mit etwas Schleifpapier glätten. Wenn es ganz unansehnlich geworden ist, kann es auch neu lackiert werden – mit einem umweltfreundlichen Lack, der eigens als für Kinder ungefährlich deklariert ist. Auch Bücher können durchaus mal von außen abgewischt werden, wenn dort Fingerabdrücke mit Schokolade oder anderem landen.

SONSTIGE SPECIALS

Musikinstrumente

Auf ihnen sammelt sich nicht nur Staub, sondern, da sie dauernd berührt werden, auch Schweiß und Hautschüppchen. Deshalb sollten sie immer nach der Nutzung mit einem (wenn möglich: feuchten) Tuch abgewischt werden. Blasinstrumente sollten innen immer getrocknet werden, mit einem dünnen Stab und einem Tuch. Spezielles Holz braucht auch spezielle Pflege. Bei teuren Musikinstrumenten würde ich immer den Hersteller dazu befragen. Vielleicht muss nicht immer ein spezielles Pflegemittel gekauft werden. Walnussöl kann auch hier gut funktionieren.

Heizkörper

Flachheizkörper sind echt schwierig staubfrei zu bekommen. Sie sind hinten und vorne komplett geschlossen und innen ein bisschen wellenartig – da kommt kein Staubsauger rein. Es gibt spezielle Stäbe zur Reinigung; man kann auch einfach ein Tuch um einen Holzstab wickeln, nur ist das wirklich aufwendig.

Hier ein Tipp aus einem Video aus dem Internet: Man mischt Wasser mit Spüli in einer Gießkanne und gießt es damit von oben über die Heizung. So fließt der ganze Schmutz einfach heraus. Aber: Unbedingt Eimer, Tücher oder Wannen darunterstellen bzw. -legen!

Bürsten

In **Haarbürsten** sammeln sich Haare, Schuppen, Reste von Haarspray oder anderen Stylingprodukten, dazu noch Staub. Je nach Bürstenart kann es sogar sein, dass das Kämmen schwieriger wird, wenn die Bürste nicht gereinigt wird – der Schmutz setzt sich genau zwischen den Borsten ab.

Bürsten können relativ leicht gereinigt werden: Sichtbare Haar sollten nach dem Kämmen immer direkt im Mülleimer entsorgt werden.

Haare niemals in der Toilette entsorgen, da sie die Rohre verstopfen können!

Wenn sich über lange Zeit Haare gesammelt haben, dann diese mit einem Kamm aus der Bürste kämmen. Es gibt auch spezielle Bürstenreiniger: Die haben einen Holzgriff, an dem viele kleine, lange Metallborsten angebracht sind. Damit lassen sich Haare und Schmutz echt gut entfernen. Die Bürste kann danach mit Wasser und Shampoo gewaschen werden. Das sollte ausreichen. Danach gut trocknen lassen. Das funktioniert bei Holz- und Plastikbürsten.

Auch Kämme sollten gereinigt werden. Denn meist lagert sich zwischen den Zinken Staub ab.

Zahnbürsten können, wenn Bedarf besteht, mit kochendem Wasser gereinigt werden – falls der Bürstenkopf zum Beispiel mal mit etwas in Kontakt kommt, wofür er eigentlich nicht gedacht ist. Sie sollten nach der Nutzung immer gut ausgewaschen werden und trocknen, vor allem Bambuszahnbürsten.

Die **Toilettenbürste** sollte, da sie fast täglich genutzt wird, auf jeden Fall regelmäßig gesäubert werden. Das verhindert vor allem auch eine Ansammlung von Schmutz im Toilettenbürstenhalter. Nach der Nutzung sollte die Klobürste ein paar Mal am Rand der Schüssel gedreht oder abgeklopft werden, um möglichst wenig Wasser daran zu lassen. Zur Reinigung kann sie einfach in die Toilettenschüssel gestellt werden, während die Toilettentabs von Seite 74 ihren Job machen. Oder du füllst Essig in die Toilettenschüssel und lässt die Bürste über Nacht darin einweichen. Das löst Kalk und auch gelbliche Verfärbungen. Das geht beides sehr gut bei Klobürsten aus Plastik – die meisten sind noch aus Plastik.

Seit wenigen Jahren boomt auch der Markt mit kompostierbaren Klobürsten aus Holz mit Naturborsten, aus Sisal zum Beispiel. Sie müssen immer gut trocknen, sonst können sie schimmeln und müssen dann oft ausgetauscht werden. Man sollte sie also aufhängen. Es gibt sogar passende Halterungen zu kaufen, in denen die Bürsten frei hängen können; überschüssiges Wasser tropft in eine kleine Schüssel. Eine Holzklobürste kannst du reinigen, indem du die Borsten mit kochendem Wasser übergießt und sie dann trocknen lässt. Du kannst sie auch über die Toilettenschüssel halten und mit Essig übergießen und erst anschließend mit warmem Wasser. Vorsicht, kochendes Wasser könnte die Keramik beschädigen! Über Nacht würde ich sie nicht in der Schüssel mit einem Reiniger einweichen lassen. Auch der Toilettenbürstenhalter sollte wenigstens entleert werden, wenn sich darin Wasser gesammelt hat.

Besen und Staubwedel

In den Borsten bzw. im Stoff sammelt sich schon mal eine Menge Staub, an dem dann auch Krümel und anderer Schmutz hängenbleiben. Da Besen und Staubwedel aber ohne Wasser genutzt werden, sind sie schnell gereinigt: einfach nach dem Staubwischen ausschlagen, am besten über einem Eimer. So kann der Schmutz danach direkt in die Mülltonne gekippt werden. Wenn allerdings *nur* Staub darinhängt, wird das nicht funktionieren: dann einfach im Freien ausschlagen. Denn sonst landet der Staub wieder in der Wohnung. Wenn Besen grob verschmutzt sind, können sie abgesaugt und auch mit Wasser gereinigt werden.

Keine Lust – dennoch ein Muss: Ungeziefervermeidung

Es kann immer wieder vorkommen, dass sich ungewollt eine kleine Ameisenstraße zwischen Gartentür und Küche bildet oder sich Kleidermotten einnisten. Vorbeugen kann man dem am besten, indem man eine gewisse Grundreinheit wahrt – und damit ist nicht mal gemeint, dass jeden Tag alle Oberflächen gereinigt werden müssen und es in allen Ecken klinisch rein ist.

- **Kleidermotten**
… beugt man am besten durch Lavendelsäckchen vor. Die müssen nicht unbedingt gekauft werden. Einfach einen alten Socken mit getrocknetem Lavendel befüllen, einmal zuknoten und nochmal umstülpen. Wer

lieber ätherisches Öl nutzt, sollte es alle paar Wochen wieder frisch auftröpfeln. Oder verwendest du ohnehin gerne Lavendelseife zum Händewaschen oder für den Körper? Dann lagere den Seifenvorrat einfach im Schrank! So riecht es auch noch gut darin.

Wird Kleidung im Keller oder auf dem Speicher gelagert, dann bitte einpacken; entweder in alte Plastik- oder Papiertüten oder in spezielle wiederverwendbare Kleidersäcke. Auch hier kann ein Lavendelsocken dazugegeben werden.

Wenn doch einmal Mottenbefall da ist, muss der komplette Schrank ausgewaschen werden: Hier hilft ein Essig-Wasser-Gemisch (1 : 1). Auch die Kleidung muss komplett gewaschen werden. Übrigens kommen die Motten entweder von draußen durch das offene Fenster oder mit einem bereits befallenen Kleidungsstück in den Schrank. Daher sollte neue oder gebraucht gekaufte Kleidung immer gewaschen werden, bevor sie zu den anderen in den Schrank kommt.

- **Lebensmittelmotten**

… werden meist mit gekauften Lebensmitteln in die eigene Küche gebracht und vermehren sich super schnell. Darum ist es besonders wichtig, die Lebensmittel zu Hause regelmäßig auszusortieren und gut zu lagern: in verschließbaren Dosen oder Gläsern – Einweckgläser oder Henkelgläser zum Beispiel verschließen wirklich luftdicht. Gläschen von Lebensmitteln wie Babynahrung zum Beispiel tun das nicht immer, wenn sie erst einmal geöffnet waren.

Ist dennoch mal ein Befall da, dann müssen alle Lebensmittel, in denen Motten sitzen, entsorgt werden, und zwar über den Hausmüll. Auch die Schränke müssen sehr gründlich gereinigt werden, da die Motten auch gern schon mal in Ritzen sitzen.

- **Ameisen**

Damit Ameisen erst gar nicht nach drinnen gelangen, können Fugen mit Silikon verschlossen werden. Wenn das nicht geht, dann können Düfte genutzt werden: Sie versperren Ameisen gewissermaßen den Weg. Dafür eignen sich Zitronenschalen, Essig oder auch ätherische Öle wie Lavendelöl.[42]

- **Milben**

… kann man leicht vorbeugen: Durch regelmäßiges Lüften im Schlafzimmer und Wohnzimmer, denn auch auf Stoffsofas können sie sich ansammeln. Das Bett morgens nicht „machen". Besser ist es, die Bettdecke über den Bettrand zu legen, damit die Matratze auslüften kann. Am besten sind Matratzen mit waschbarem Bezug. Die Bettwäsche sollte ebenfalls regelmäßig gewaschen werden. Und die Luft sollte unter dem Bett zirkulieren können – also nie die Matratze direkt auf den Boden legen (und bei einem Sofa möglichst auch nichts unten drunter verstauen).

→ die specials – outdoor und anderes

#machsnachhaltig

Staubwedel selbstmachen

Herstellungszeit 30 Minuten

1 alte Vliesdecke oder Vliesstoff
1 Staubwedelstab
Nadel und Faden, Stecknadeln oder Nähmaschine

Für einen selbstgemachten Staubwedel brauchst du nur alten Vliesstoff, einen Stab oder Stock sowie Nadel und Faden, Stecknadeln und eine Schere.

3 Vier große Lagen (mindestens 18 x 10 cm) übereinanderlegen, den Stab auf den Stoff legen und mit Stecknadeln die Naht abstecken.

staubwedel selbstmachen

Hast du einen Staubwedel zu Hause, bei dem die Staubfängerarme immer wieder weggeworfen und neu gekauft werden müssen? Dann fertige dir einfach einen waschbaren Aufsatz! Dazu brauchst du nur Vliesstoff. Der ist an sich schon ein Staubmagnet und hat den Vorteil, dass er waschbar ist. Am besten steckst du ihn in einem Wäschesack in die Maschine. Falls noch eine alte Vliesdecke vorhanden ist, die du nicht mehr nutzt, kann auch die zerschnitten werden.

④ Danach die Teile von außen nach innen bis fast zur Naht einschneiden, sodass Fächer entstehen.
⑤ Nun jeweils zwei kleinere Teile auf jede Seite nähen und auch diese bis zu Naht einschneiden.
⑥ Zum Schluss den Stab einstecken.

KEIN STAUBWEDELSTAB IM HAUS?

Auch ein Staubwedelstab ist, falls du keinen zu Hause hast, schnell gemacht: Nimm einfach einen starken Ast und binde das Kopfteil dann mit etwas Faden an.

IST DIR DAS ZU AUFWENDIG?

Du kannst auch einfach ein größeren Pompon herstellen und als Staubwedel nutzen. Vor allem für Dinge wie die Tastatur deines Laptops oder für schwer erreichbare kleine Rillen kann ein solcher gut sein. So ein Pompon ist in zehn Minuten fertig und ein wahres Upcycling-Wunder für alte Wollreste. Eine Anleitung gibt's zum Beispiel hier: youtu.be/DkGv49PRswM.

① Aus einer alten Vliesdecke oder Bastelresten vier gleichgroße Stücke ausschneiden. Bestenfalls wird das Wegwerfteil als Vorlage genommen. Wird ein Holzstab verwendet, dann sollten die Teile mindestens 18 x 10 cm groß sein.
② Dann noch mal vier kleinere Stücke ausschneiden. Die sollten ungefähr 2 cm an jeder Seite kleiner sein als die großen Stücke.
③ Die vier großen Lagen übereinanderlegen. Nun den Stab auf den Stoff legen und mit Nadeln die Naht abstecken. Wenn per Hand genäht wird, könnte auch direkt der Stab in die Mitte der Lagen gelegt werden; den Stoff dann einfach umnähen.

6 An das Ende den Stab oder Stock einstecken und fertig ist der selbstgemachte Staubwedel!

#MACHSNACHHALTIG-INFOS

Im Folgenden will ich dir noch ein paar Quellen empfehlen, über die du dich weiter zum Thema dieses Buches informieren kannst. Und über das Register gelangst du ans Ziel, wenn du etwas Bestimmtes suchst.

Im Netz

Der Sinnersche Kreis – Die 4 Komponenten der Reinigung:
de.wikipedia.org/wiki/Sinnerscher_Kreis

Verbraucherzentrale Reinigungsmittel und Schadstoffe:
www.verbraucherzentrale.de/sites/default/files/2018-10/chemie_im_haushalt.pdf

Schadstoffe in Reinigungsmitteln:
www.umweltbundesamt.de/themen/chemikalien/wasch-reinigungsmittel/inhaltsstoffe

Waschmittel: www.umweltbundesamt.de/themen/chemikalien/wasch-reinigungsmittel/umweltbewusst-waschen-reinigen/baukasten-tandemsysteme-color-vollwaschmittel

Wirkungsweise von Chemikalien: www.chemie.de

Testergebnisse rund um Wasch- und Reinigungsmittel:
Öko-Test Jahrbuch 2021 und frühere

Mehr Nachhaltigkeit im Alltag: A. Schmidt, **111 Wege zu deinem nachhaltigen Leben. Lebe freier, gesünder und spare Zeit und Geld**, Köln 2020

Sowohl die Fleck-weg-Tabelle auf Seite 18–19, die Putzpläne auf Seite 100–101 und hübsche Etiketten zum Beschriften findest du auf der Ulmer-Homepage: **www.ulmer.de/schlauer-putzen**. Über den QR-Code kannst du dir die Extramaterialien auch auf dein Smartphone laden. Ob dort oder ausgedruckt: griffbereit ist immer gut.

Über die Autorin

Anke lebt mit ihrer vierköpfigen Familie in Köln, möglichst plastikfrei, zerowaste und so umweltbewusst, wie es geht. Seit einigen Jahren ist sie selbstständig und als Nachhaltigkeitsexpertin unterwegs. Sie hält Vorträge, gibt Workshops, berät Einrichtungen (VHS, Familienbildungsstätten) und Firmen, teilt ihr Wissen auf verschiedenen Social-Media-Kanälen und gibt Interviews im TV (u. a. WDR und ZDF). In ihrem Buch *111 Wege zu deinem nachhaltigen Leben* gibt sie noch mehr Tipps und Lifehacks.

Dank

Ich danke dem Team der Hochschule Furtwangen, der Verbraucherzentrale sowie Surig und Brauns-Heitmann, zwei Herstellern von Inhaltsstoffen, die mich bei der Erklärung der verschiedenen Wirkungsweisen der Zusatzstoffe beraten haben.

Endnoten

1 www.geo.de/wissen/gesundheit/18453-rtkl-unterschaetze-gefahr-putzen-so-schlimm-wie-rauchen-forscher
2 https://de.statista.com/statistik/daten/studie/744439/umfrage/umsatzprognose-pro-kopf-im-deutschen-wasch-putz-und-reinigungsmittelmarkt/
3 www.merkur.de/leben/wohnen/wohnungsputz-dauert-im-schnitt-gut-drei-stunden-pro-woche-zr-8581160.html
4 https://www.verbraucherzentrale.de/sites/default/files/2018-10/chemie_im_haushalt.pdf
5 www.tk.de/techniker/magazin/life-balance/so-geht-richtiges-putzen-2088722
6 www.nabu.de/umwelt-und-ressourcen/oekologisch-leben/alltagsprodukte/10507.html
7 www.alltags-experte.de/reinigungsmittel-pH-wert.html
8 www.umweltbundesamt.de/hygiene-im-privatbereich
9 www.deutschlandfunk.de/wird-auch-scheuermilch-sauer-100.html
10 www.br.de/radio/bayern1/natron-100.html
11 www.heitmann-hygiene-care.de/pure-ratgeber-citronensaeure#gefaesse_reinigen
12 www.essigherstellung.at/tools/herstellungsmethoden/
13 www.ikw.org/fileadmin/IKW_Dateien/downloads/Haushaltspflege/HP_Abbaubarkeit_Tenside.pdf
14 https://biooekonomie.de/themen/dossiers/biotenside-nachhaltig-waschen-und-reinigen
15 www.nabu.de/umwelt-und-ressourcen/oekologisch-leben/alltagsprodukte/10507.html
16 www.verbraucherzentrale.de/wissen/lebensmittel/auswaehlen-zubereiten-aufbewahren/lebensmittel-wertschaetzen-und-vor-der-tonne-bewahren-59543
17 www.br.de/radio/bayern1/inhalt/experten-tipps/umwelt-kommissar/geschirr-spuelmaschine-umwelt-100.html
18 www.heimwerker.de/flugrost-entfernen/
19 www.oekotest.de/bauen-wohnen/Edelstahlspuele-reinigen-Es-geht-auch-mit-Hausmitteln_11661_1.html
20 www.ndr.de/ratgeber/verbraucher/Was-hilft-gegen-Kalk-in-Kueche-und-Bad/kalkimhaushalt100.html
21 www.chemie.de/lexikon/Natriumhydrogencarbonat.html
22 www.chemie.de/lexikon/Orangen%C3%B6l.html
23 www.sonderabfall-wissen.de/wissen/gefahr-aus-der-dose/
24 https://de.statista.com/statistik/daten/studie/184886/umfrage/umsatz-mit-wasch-reinigungs-und-putzmit-teln-in-deutschland-nach-sortimentsart/
25 www.biolindo.de/frosch/essig-reiniger und www.ndr.de/ratgeber/verbraucher/Essig-als-Putzmittel-im-Haushalt,putzenmitessig100.html
26 www.umweltbundesamt.de/sites/default/files/medien/publikation/long/194.pdf
27 www.nabu.de/umwelt-und-ressourcen/oekologisch-leben/alltagsprodukte/23843.html
www.verbraucherzentrale.nrw/schadstoffe/waschen/waescheduftperlen-wie-gefaehrlich-koennen-sie-fuer-umwelt-und-haut-sein-43319
28 www.vzhh.de/themen/umwelt-nachhaltigkeit/wasch-reinigungsmittel/wie-funktionieren-waschmittel
29 www.welt.de/gesundheit/article5602760/Natur-statt-Chemie-Waesche-waschen-mit-Nuessen.html
30 www.oekotest.de/bauen-wohnen/Waschmittel-aus-Kastanien-selber-machen-So-gehts_10880_1.html
31 www.umweltbundesamt.de/sites/default/files/medien/publikation/long/194.pdf
32 www.plymouth.ac.uk/news/washing-clothes-releases-thousands-of-microplastic-particles-into-environment-study-shows
33 https://blogs.nabu.de/mikroplastik-landet-im-meer/
34 www.umweltbundesamt.at/fileadmin/site/publikationen/rep0550.pdf
35 www.quarks.de/umwelt/kleidung-so-macht-sie-unsere-umwelt-kaputt/
36 www.wastelesshero.com/sind-mikroplastikfilter-an-waschmaschinen-sinnvoll/
37 https://gebäudereinigung-sinsheim.de/2019/08/29/parkett-reinigen-15-tipps-vom-profi/
38 Trick einer bekannten Putzkraft
39 www.adac.de/rund-ums-fahrzeug/reparatur-pflege-wartung/pflege/autowaesche-winter/
40 www.steinchenwelt.net/LEGO-Reinigung
41 https://www.wissenschaft-aktuell.de/artikel/Hausstaub-milben_sterben_im_Gefrierfach1771015590508.html
42 www.ndr.de/ratgeber/Ameisen-mit-Hausmitteln-vertreiben-statt-bekaempfen/ameisen212.html

Register

Ablussreiniger 10, 45
Abflussstöpsel reinigen 66, 69
Allzweckreiniger 15, 17, 28
Allzweckreinigerrezept 106
Aluminium polieren 51
Ameisen vermeiden 119
Angebranntes lösen 45, 47, 51, 52, 58
Armaturen putzen 66, 69
Arten von Schmutz 16, 68
ätherisches Öl 32, 38, 89, 90
Aufräumen 20
Autowaschen 110

Backofen putzen 42, 60
Backofensprayrezept 60
Bad putzen 63
Balkon putzen 113
Baukastensystem 86
Besen reinigen 118
Besteck polieren 51
Bleichen von Wäsche 84, 90
Bleichmittel 29, 82, 86
Blutflecken auswaschen 11, 17
Bodenwischen 11, 46, 51, 54, 69, 101, 102
Bodenwischer 102
Bügelstärke 90
Bügelstärkerezept 90
Bürsten reinigen 116

Ceranfeld reinigen 51
Chlorreiniger 10

Deoflecken auswaschen 85
Desinfektionsmittel 10, 21
Dosierung 10, 17, 80, 86
Duftstoffe 10, 32, 82, 89, 90
Dunstabzugshaube reinigen 48
Duschwanne putzen 66

Edelstahl polieren 47, 51
Eigenschaften einzelner Zutaten 28
Eingebranntes lösen 45, 47, 51, 52, 58
Einkauf 13, 15, 36, 37, 86
Entkalkung 31, 48, 90
Entsorgung 21, 35, 60
Enzyme 82
Essig 14, 16, 30, 31, 38, 66, 67, 70, 72, 90, 104, 105, 117, 119
Essigessenz 31, 67
Essigsäure 10, 67, 69, 72
Etiketten 34, 124

Fahrrad putzen 111
Farbstoffe 84
Fensterbank reinigen 103
Fensterputzen 11, 51, 101
Fernseher reinigen 103

Fettverschmutzungen 11, 13, 16, 17, 28, 29, 32, 46, 58, 70, 82, 112
Fingerabdrücke entfernen 69
Fleck-weg-Tabelle 18
Fliesenboden reinigen 102
Flugrost entfernen 47
Fugen reinigen 66, 67, 68, 69, 104
Fußleisten reinigen 103

Geld sparen 8, 14, 43, 44, 65, 86, 88
Geschirrspülen 12, 14, 17, 44, 51
gesundheitsschädlich 8, 10, 22, 34, 37, 48, 82
Glas putzen 50, 51, 66
Grill putzen 112

Haarbürste reinigen 116
Haltbarkeit 24
hartnäckige Verschmutzungen 29, 52, 72
Heizkörper reinigen 101, 116
Herd putzen 42
Hochdruckreiniger 110, 113
Hochglanzoberflächen 50
Holzboden reinigen 102, 104, 105
Holzpflege 48, 66, 67, 105, 112, 116

Induktionsfeld reinigen 51
Inhaltsstoffe von Waschmittel 82

Jalousien reinigen 102

Kaffeeflecken auswaschen 86, 105
Kaffeevollautomat reinigen 48
Kalk 16, 17, 28, 30, 31, 58, 64, 66, 68, 69, 70, 86, 117, 125
Kalklöser 30
Kastanien-Waschmittel 94
Keime 22, 24, 48, 50
Klarspüler 14
Kleidermotten 118
Konservierungsstoffe 10, 14, 84
Korkboden reinigen 102
Korrosionsschutzmittel 84
Küche putzen 41
Kühlschrank putzen 43, 48
Kuschelteile reinigen 114

Laminatboden reinigen 102, 105
Lampenschirme reinigen 102
Laptop reinigen 101
Lebensmittelmotten 119
Lederpflege 105, 111
Lippenstift auswaschen 16

Mikrofasertücher 103
Mikroplastik 7, 14, 36, 96
Milben vermeiden 114, 119
Motivation zum Putzen 26
Musikinstrumente reinigen 116

Natron 13, 15, 16, 28, 34, 38, 58, 60, 66, 69, 70, 72, 86, 105
Natursteinpflege 30, 67
Nebelfeucht wischen 102

Outdoorgeräte putzen 109
Outdoormöbel putzen 112

Palmölfrei 14
paprikaflecken auswaschen 84
Parkettboden reinigen 105
Perlator reinigen 68
ph-Wert 16
Platz sparen 14
Polsterreinigung 54, 101, 103, 105
Putzfrequenz 22
Putzlappen 44, 50, 103
Putzplan 22, 100
Putzpulver 37
Putztabs 37
Putzutensilien 50
PVC-Boden reinigen 102

Recycling 6, 36
Reinigungstücherrezept 76
Ressourcen sparen 8, 10, 12, 14, 37, 39, 43, 44, 45, 69, 90, 94

Rohrreiniger 28, 70
Rost 17, 46, 47

Saponine 84
Schadstoffe 8, 21, 32, 35
Scheuermittelrezept 58
Schimmel 22, 42, 48, 64, 67, 68, 80
Schmutzränder in der Badewanne entfernen 70
Seifenreste 65, 68, 69
Silber polieren 45, 47
Silikonfugen reinigen 68
Soda 10, 16, 29, 34, 38, 58, 69, 84, 86, 92, 112
Spiegel putzen 10, 66, 69, 110
Spielzeug reinigen 114
Spülkuchenrezept 54
Spülmaschinenreinigung 30, 48
Spülmittelrezept 52
Spülschwamm selbstmachen 56
Stärke 16, 90, 105
Staub 13, 103, 110, 114, 116, 117, 118
Staubsaugen 13, 101, 102, 103, 104, 110, 116
Staubwedel 103
Staubwedel reinigen 118
Staubwedel selbstmachen 120
Staubwischen 51, 101, 103, 118
Steckdosen reinigen 103
Steinboden reinigen 102, 105

Stockflecken auswaschen 85
Strom sparen 13, 88, 104
synthetische Polymere 84

Teeflecken auswaschen 86
Tenside 10, 28, 31, 36, 82, 84
Teppichreinigung 102, 104
Terrasse putzen 113
Textilerfrischer 89
Tierhaare entfernen 105
Toilettenreinigerrezept 72
Toilettenstein 21
Toilette reinigen 66, 69
Tomatenflecken auswaschen 84
Töpfe reinigen 51, 58
Türen reinigen 103

Umwelt-Tipps rund um die Wäsche 88
Umweltverschmutzung 8, 10, 14, 34, 45, 82, 84, 96, 97, 110, 112, 113
Ungeziefervermeidung 118
Unkrautvernichterrezept 113
Upcycling 24, 56, 57, 76, 121
Urinstein 16, 17, 31, 69

Vegan 14
Vergilbung 104, 112
Verpackung selbstmachen 6, 14, 24
Verpackung sparen 8, 10, 14, 36, 37, 38, 42, 84

Warnhinweise 34
Waschbecken putzen 66
Wäscheduft 89, 90, 92
Wäschewaschen 79
Waschmaschinenpflege 90
Waschmaschinenreinigung 30
Waschmittelrezept 92, 94
Waschnüsse 94
Wasserenthärter 82, 86
Wasserflecken 14, 30, 47, 48, 69
Wasserkocher entkalken 49
Wassertemperatur 11, 12, 17, 80, 81, 82, 84, 89, 114
WC-Bürste reinigen 117
WC-Einhänger 10, 72
WC-Tabs-Rezept 74
Weichspüler 21, 90
Wiederverwendung 6, 13, 45
Wirkweisen einzelner Zutaten 28
Wohnräume putzen 99
Wolle waschen 92

Zahnbürste reinigen 117
Zeit sparen 8, 15, 88, 97, 102
Zitronensäure 10, 13, 14, 16, 30, 31, 38, 58, 66, 67, 68, 69, 72, 85, 90, 104
Zutaten 28

Bildnachweis

Anke Schmidt: Porträtfoto auf der vorderen äußeren Klappe
Simon Veith: Das Bild auf der hinteren Klappe und im Buch auf den Seiten 11, 12, 23, 25, 26, 35, 40, 41, 45, 49, 62, 63, 68, 78, 79, 98, 99, 103, 111, 122, 123 und 124.
Wikimedia/Ätzende Stoffe, Gesundheitsschädliche Stoffe, Entzündliche Stoffe: S. 37
Wikimedia/Textilpflegesymbole: S. 81
Die Icons stammen von Vector Tradition/Shutterstock (S. 5ff., 109, 123ff.) und CosmoVector/Shutterstock (S. 41, 63, 79, 96).
Die Zeichnungen der pH-Werte (S. 17) und des Kühlschranks (S. 43) stammen von Helmuth Flubacher.
Alle weiteren Fotos, auch das Coverfoto, stammen von Heike Schmidt-Röger.

Impressum

Die in diesem Buch enthaltenen Empfehlungen und Angaben sind von der Autorin mit größter Sorgfalt zusammengestellt und geprüft worden. Eine Garantie für die Richtigkeit der Angaben kann aber nicht gegeben werden. Autorin und Verlag übernehmen keine Haftung für Schäden und Unfälle. Bitte setzen Sie bei der Anwendung der in diesem Buch enthaltenen Empfehlungen Ihr persönliches Urteilsvermögen ein.
Der Verlag Eugen Ulmer ist nicht verantwortlich für die Inhalte der im Buch genannten Websites.

Anmerkung zur Schreibweise (Gendering): Gendergerechtigkeit und Inklusion sind bei uns gelebte Praxis – bei der Auswahl unserer Themen, bei der Recherchearbeit, in der Gestaltung. Unsere Texte meinen alle.

Bibliografische Information der Deutschen Nationalbibliothek
Die Deutsche Nationalbibliothek verzeichnet diese Publikation in der Deutschen Nationalbibliografie; detaillierte bibliografische Daten sind im Internet über http://dnb.d-nb.de abrufbar.

Das Werk einschließlich aller seiner Teile ist urheberrechtlich geschützt. Jede Verwertung außerhalb der engen Grenzen des Urheberrechtsgesetzes ist ohne Zustimmung des Verlages unzulässig und strafbar. Das gilt insbesondere für Vervielfältigungen, Übersetzungen, Mikroverfilmungen und die Einspeicherung und Verarbeitung in elektronischen Systemen.

© 2022 Eugen Ulmer KG
Wollgrasweg 41, 70599 Stuttgart (Hohenheim)
E-Mail: info@ulmer.de
Internet: www.ulmer.de
Konzept und Projektleitung: Jennifer Zajonz
Lektorat: Melanie Kattanek
Herstellung: Katharina Merz
Reihen- und Umschlagsgestaltung:
Michaela Mayländer, Stuttgart, www.sistermic.de
Satz: Marion Schreiber, www.marionschreiber.de
Reproduktion: time:ray, Jettingen
Druck und Bindung: Pustet, Regensburg
Printed in Germany

ISBN 978-3-8186-1638-0